존재만으로
빛나는

너에게 눈부신 빛이 나기 시작했다,
우리 처음 만난 그날처럼

존재만으로 빛나는

초판 1쇄 인쇄 2020년 1월 17일
초판 1쇄 발행 2020년 1월 23일

지은이 　 |　 태 희

발행인 　 |　 이은화
기획편집 |　 이은화
디자인 　 |　 김효선
발행처 　 |　 피어오름

주소 서울시 성북구 정릉로12길 26
전화 02-942-5376
팩스 02-6008-9194
전자우편 piuoreumbooks@naver.com
홈페이지 www.piuoreum.com

ISBN 979-11-964641-4-1

이 책의 판권은 지은이와 피어오름에 있습니다.
이 책 내용의 전부 또는 일부를 이용하려면 반드시 피어오름의 동의를 받아야 합니다.
잘 못 인쇄된 책은 서점에서 바꾸어 드립니다.

이 도서의 국립중앙도서관 출판예정도서목록(CIP)은 서지정보유통지원시스템 홈페이지
(http://seoji.nl.go.kr)와 국가자료종합목록 구축시스템(http://kolis-net.nl.go.kr)에서
이용하실 수 있습니다. (CIP제어번호 : CIP2019052308)

존재만으로 빛나는

너에게 눈부신 빛이 나기 시작했다
우리 처음 만난 그날처럼

태희 에세이

피어오름
BOOKS

프롤로그

시간이 지나서야 알게 되는 것들을
미리 알 수 있다면

 삶의 끝을 생각해본 적이 있다. 나의 이후의 삶은 어떠할까. 그때에 이르러 무척이나 행복할까, 여전히 바쁘게 지내고 있을까, 많이 사랑하고 많이 사랑받고 있을까, 혹시 외롭지는 않을까, 더 많이 베풀었을까, 존경받고 있을까, 언제라도 떠날 준비는 되어 있을까.

 그리고 그 생각의 끝에서 만난 것은 언제나 현재의 내가 그날의 나를 만들어낸다는 사실뿐이었다. 지금 나라는 존재를 사랑하고, 지금 내 옆에 있는 소중한 인연들에 최선을 다해야 한다는 결론뿐이었다.

그래서일까. 오랜 사유의 끝엔 늘 지금 이 순간만이 남는다. 나는 이 글을 읽고 있는 당신이 부디 매 순간 나 자신을 최선을 다해 좋아할 수 있었으면 좋겠다. 그저 당신은 당신의 존재만으로 눈부시게 빛나고 있음을 알았으면 좋겠다.

10대가 꾸미지 않아도 얼마나 예뻤는지,
20대가 그 나이만으로 얼마나 빛나는 날들이었는지,
30대가 그 무엇도 얼마나 늦지 않은 시기였는지,
40대가 여전히 얼마나 많은 가능성을 지녔는지,
50대가 누군가에게는 얼마나 부러운 나이였는지,
60대가 앞으로도 펼쳐질 날들이 얼마나 많았는지.

지금의 내 모습이 과거가 되는 순간, 얼마나 귀하디귀한 날들이 될지. 지금 이 순간 이 시기가 얼마나 아련하게 그리워질지. 시간이 흘러 알게 되는 것들을 지금부터 알아챌 수 있었으면 좋겠다.

이 책은 타인의 모습을 통해 나를 돌아볼 수 있도록, 나의 모습을 통해 타인을 비출 수 있도록, 나라는 존재의 근간에 대해, 현재의 나를 둘러싼 모든 관계와 그 감정에 대해 이야기한다.

1부에서는 우리가 살아가며 자의적 타의적으로 맺어야 하는 다양한 관계를, 2부에서는 쑥스럽거나 불편할 수 있지만, 나에 대해 이야기하기 위해서는 빼놓을 수 없는 가족이라는 이름을. 그 안에서 느끼는 다양한 감정의 이유를 전한다.

부디 모든 이들이 이 순간을 기점으로 스스로를 더 많이 사랑할 수 있기를, 매 순간 오직 더 나은 나를 위한 날들만 선택할 수 있기를 바라는 마음으로 한 문장 한 문장을 담았다. 책을 덮을 때에는, 존재만으로 빛나는 나에게, 존재만으로 빛나는 나의 소중한 사람들에게 사랑한다는 말을 건네고 있기를 바라며.

끝으로 언제나 한결같은 마음으로 제 글을 사랑해주시고 마음을 전해주시는 모든 독자분들께, 이 순간 살아있음을, 빛나고 있음을 느끼게 해주셔서 진심으로 감사드립니다.

마음을 담아

태희

4 ··· 프롤로그
시간이 지나서야 알게 되는 것들을 미리 알 수 있다면

1부
관계에 서툰 그대를 위한, 우리의 모든 순간들

19 ··· 의외로 큰일에 담대한 사람
21 ··· 존중받는 느낌에 대하여
22 ··· 당신은 거절을 할 줄 알아야 한다
24 ··· 공감 능력이 떨어지는 사람이 불편한 이유
26 ··· 힘들었던 날을 보낸 사람들의 보이지 않는 따뜻함
27 ··· 타인의 흠을 찾아내는 사람은 스스로에게만 관대하다
29 ··· 어느 순간 화가 많아지는 이유는
31 ··· 솔직함과 무례함은 한 끗 차이
33 ··· 왜 인간관계는 언제나 상처로 통할까
37 ··· 기분이 태도가 되어서는 안 된다
40 ··· 아무런 이유 없이 위로받고 싶은 날
41 ··· 절대 실망하지 않는 인간관계를 맺는 방법
44 ··· 장난이라는 이름으로 절대 하지 말아야 하는 것들
46 ··· 싫은 소리 못 하는 내가 바보같이 느껴질 때

49 ··· 매사에 부정적인 사람이 불편한 이유
52 ··· 누군가 내 이야기를 하고 다닐 때의 감정
54 ··· 내 것이 귀하면, 남의 것이 귀한 줄도 알아야 한다
56 ··· 내게 상처 준 사람에게 나도 상처 주고 싶다
59 ··· 내가 지나치게 긍정적이었던 이유는
61 ··· 사과를 하지 않는 사람
64 ··· 내 옆을 의식하는 순간 페이스를 잃는다
66 ··· 우울한 데에는 이유가 없다, 어느 순간부터는
69 ··· 화가 치솟을 때 가장 먼저 해야 하는 행동
70 ··· 과부하에 걸린 사람들의 마음의 신호
73 ··· 맹목적인 긍정보다는
75 ··· 우리는 미래를 살다 온 것이 아니기 때문에
79 ··· 감정에도 요요 현상이 있다
80 ··· 나는 더 이상 너를 부러워하지 않기로 했다
82 ··· 그럴 수도 있겠다, 그래서는 안 된다
84 ··· 나를 싫어하는 사람의 존재를 알게 되었을 때
87 ··· 부탁 받지 않은 충고는 나의 욕심이다

89 ··· 미래가 불투명하다는 두려움은

91 ··· 꿈을 좇는 당신에게 하고 싶은 말

94 ··· 받은 것이 많아 고마울 때 어떻게 표현해야 할까

96 ··· 인간관계로 전전긍긍하는 나를 위한 조언

97 ··· 알고 있어도 상처받을 수 있다

99 ··· 혼자라는 감정에 대하여

101 ··· 울컥 눈물이 날 때 울어야 하는 이유

103 ··· 아직 일어나지 않은 일에 대한 걱정

106 ··· 새벽 시간이 위험한 이유는

108 ··· 가십을 함부로 말하지 말아야 한다는 건

110 ··· 당신은 숨지 않아도 된다

112 ··· 살아가며 반드시 요구해야 하는 것들

113 ··· 한결같음을 유지하기 위해 기억해야 하는 것들

114 ··· 자꾸만 선 넘는 사람이 불편해질 때

116 ··· 누군가의 불금을 부러워하고 있을 그대에게

117 ··· 자존심을 지키기 위해 했던 행동들

118 ··· 변화의 두려움에 현실을 이어가는 나

121 ··· 이대로 흘러가는 시간이 더 지나지 않게
123 ··· 모두와 두루 친한데 고독함을 느낀다면,
  깊은 대화가 부족한 것이다
125 ··· 당신의 방 안이 가장 위험하다
128 ··· 손해 보지 않는 삶
129 ··· 지난날의 나에게 꼭 들려주고 싶은 말
130 ··· 자꾸 잠들지 않는 밤이 늘어나는 당신에게

2부

표현에 서툰 그대를 위한, 가장 빛나는 이름의 기록

135 ⋯ 엄마가 늘 앉아 있던 그 자리에 앉아 보았다
136 ⋯ 내가 성공하면, 그때 베풀게, 그때 호강 시켜줄게
138 ⋯ 나는 네가 더 많이 행복하기를 바란다
140 ⋯ 그거 네 탓 아니야, 절대
141 ⋯ 가까운 사이일수록 우리가 조심해야 하는 것들
143 ⋯ 나도 엄마가 된 게 처음이어서 너에게 실망을 한다
146 ⋯ 실종 전단지를 지나치지 못하는 마음
147 ⋯ 나의 좌절을 마땅히 털어놓을 곳이 없을 때
149 ⋯ 아버지는 좋아하는 음식이 많지 않으셨다
151 ⋯ 그대 덕분에 내가 살아갑니다
152 ⋯ 그때는 흘려들었던 부모님의 조언
154 ⋯ 엄마는 너를 미워한 적이 없음에도
156 ⋯ 누군가가 미운데 좋고 좋은데 미울 때
158 ⋯ 무심했던 시절의 일들은 때로 후회가 되어 밀려온다

160 ··· 내가 끌어다 쓴 엄마의 젊음은
162 ··· 이별을 한다 해도 괜찮다, 내가 네 곁에 있을 테니
164 ··· 걱정말아요 그대
166 ··· 사랑한다는 말을 반드시 표현해야 하는 이유
167 ··· 가장 후회가 되는 기억들
169 ··· 내가 너의 이야기를 귀 기울여 듣는다는 건
170 ··· 미안한 마음을 표현하는 방법
172 ··· 엄마, 난 엄마의 소유물이 아니야
176 ··· 절대 무기로 사용해서는 안 되는 말
178 ··· 미움받지 않기 위해 했던 일
180 ··· 너는 다 괜찮아
182 ··· 네가 있어 살아간다는 말, 너라는 이름의 가치
184 ··· 마음은 있는데 표현이 서툴다는 것은
186 ··· 나는 오늘 하고 싶은 말을 다 하기로 결심했다
189 ··· 부모님의 빈자리를 느끼는 순간들
192 ··· 성장한 자녀의 뒷모습을 바라보는 마음
195 ··· 가까운 사람에게 유난히 더 짜증을 부리는 이유

198 ··· 부모님의 시간은 나의 철듦을 기다려주지 않는다
200 ··· 나는 네가 어른이어서 걱정이야
201 ··· 친구의 이름을 소리 내어 불러본다는 건
203 ··· 네가 언제 혼자였다고 그래
204 ··· 우리의 삶에 리셋 버튼이 있다면
205 ··· 얼룩져버린 학창 시절을 보낸 내가 바보 같을 때
208 ··· 나의 부모님이 꼭 누렸으면 하는 것들
210 ··· 내 청춘을 나눠주고 싶은 사람, 엄마
212 ··· 너에게는 오직 예쁜 말만 주고 싶다
214 ··· 단 한 번의 만남이 다시 허락된다면
216 ··· 부모님 살아계실 때 꼭 해야 하는 것들
218 ··· 우리 다음 생에도 꼭 인연이 되자
220 ··· 우리가 잊고 살아가던 것들
222 ··· 표현해야 한다,

　　　　오늘이 우리의 마지막인 것처럼

존재만으로 빛나는

1부

**관계에 서툰 그대를 위한,
우리의 모든 순간들**

의외로 큰일에 담대한 사람

어떻게 저렇게
아무렇지 않을 수 있을까,
덤덤할 수 있을까,
정말 괜찮은 걸까,
무딘 사람일까.

아니다. 몰라서가 아니다. 누구보다 잘 알고 있다. 힘든 상황이라는 것도, 마음 아픈 일이라는 것도. 그러나 우왕좌왕한다고 해서, 주위에 드러낸다고 해서 달라지는 것은 없기에, 그저 나의 방식으로 받아들이는 중인 것뿐이다.

나의 괜찮음은,
그만큼 많은 일들을 겪었다는 의미다.
나의 괜찮음은,
그만큼 많은 상처를 받았다는 의미다.

그래서 정작 큰일이 닥쳤을 때 덤덤하다. 담대하게 받아들인다. 아무렇지 않아서가 아니라, 아무렇지 않아야 했기 때문이다.

나의 담대함은, 나의 무덤은, 그렇게 나의 상처를 딛고 단단해져온 것뿐이다.

존중받는 느낌에 대하여

잠깐을 보았어도, 혹은 만나면 만날수록, 오래도록 만남을 이어가고 싶은 사람이 있다. 인연의 끈을 놓고 싶지 않은 사람이 있다. 나를 존중해준다는 느낌이 드는 사람, 나를 인격적으로 대해준다는 느낌이 드는 사람이다. 나의 환경, 나의 일이 존중받는 느낌.

그리고 그 느낌은 의외로 간단한 데에서 받는다. 내 눈을 바라보며 경청해줄 때. 내 이야기에 가만히 공감해줄 때. 그 순간 마음을 담아 나를 위해준다는 느낌이 드는 것에 위안을 얻는다. 존중받는 기분이 든다.

거창한 해답을 주지 않아도, 과한 리액션이 없어도 괜찮다. 그저 내 이야기를 집중해서 들어 주는 사람. 그 존재가 마치 내 편이 되어줄 것 같은 위안을 준다.

당신은 거절을 할 줄 알아야 한다

한때는, 거절을 하고 난 후에 밀려오는 괜한 미안함이나 상대방이 나를 안 좋게 보지는 않을까 하는 타인의 시선을 의식하는 것보다, 거절을 못 한 불편함을 참는 것이 더 낫다고 생각했다.

그렇게 거절하지 못하는 날들이 쌓여 갔고, 나는 모두에게 착한 사람이 되어 갔다. 그러나, 나는 나에게 나쁜 사람이 되어 갔다. 착한 사람이라는 이름 뒤에는 호구라는 말이 따라 붙었고, 그렇게 언제나 나는 뒷전으로 밀려 있었다. 이리저리 치이고 남은 것은, 더 이상 내가 아닌 껍데기뿐이었다.

더는 이대로 지내고 싶지 않아 어쩐지 용기를 내어 거절을 해보았다. 내 시간이 부족하거나 내 일정이 먼저여서, 내 입장이 조금 곤란한 일이거나 내가 내키지 않는 일이어서 거절을 했다.

거절을 하고 보니 그 일들은 생각보다 사소한 일이었고,

사소해서 거절하기 민망했던 일은, 동시에 내가 거절을 한다 해도 크게 문제될 것이 없는 일이기도 했다. 거절을 할 때의 한 번의, 잠깐의 불편함이 내가 바보가 된 듯한 감정에 휩싸인 수개월의 자괴감보다 훨씬 나았다.

거절을 할 줄 알게 되었다. 아니, 이제와 생각해보니 거절을 할 줄 알아야 했다. 그것이 내 마음이 불편한 일이었다면.

공감 능력이 떨어지는 사람이 불편한 이유

간혹, 관계가 불편해지는 사람들이 있다. 그중 하나는 공감 능력이 떨어지는 경우다. 이들은 대개 상황을 논리로만 접근한다. 상대방이 자신의 말에 불편함을 표해도, 주위에서 상처받았다는 뉘앙스를 비쳐도, 알 수 없다는 표정을 짓는다.

난 그냥 있는 그대로 말한 것뿐이야,
그거 자격지심 아니야?
사실대로 말한 게 왜,
이해를 못 하겠네,
그게 어때서?
왜 이렇게 예민해?
난 그런 뜻 아니었는데?
왜 확대 해석을 하지?
그게 뭐가 기분이 나쁘다는 거야?

상처받고 기분 나빠하는 상대방을 오히려 이상한 사람 취급을 해버린다. 도무지 이해할 수 없다면서. 열등감, 자격지심 때문에 그러는 거 아니냐면서. 심지어 이러한 사람들은 대개 타인의 외모 비하도 서슴지 않는다.

인간관계에 있어 가장 중요한 것은 배려다. 때로는 내가 조금 불편하더라도 상대방을 먼저 헤아리려는 마음. 내가 너라면 어땠을까를 생각해 상대방을 위한 따뜻한 말을 건네고, 내가 듣고 싶지 않은 말을 나도 상대방에게 하지 않는 마음. 그런데 공감을 하지 못하면 배려를 하지 못한다.

배려는, 뒷사람을 위해 문을 잡아주거나 노약자에게 자리를 양보하는 행동을 통한 배려도 있지만, 내가 너의 마음을 상하게 하지 않겠다는, 나는 너의 마음을 이해한다는, 감정을 통한 배려도 있기 때문이다.

우리가 공감 능력이 떨어지는 이들에게 불편함을 느끼는 이유는, 바로 이 감정적 배려를 받지 못하기 때문이다.

힘들었던 날을 보낸 사람들의
보이지 않는 따뜻함

아파본 사람은 아픈 사람의 마음을 안다. 힘들어본 사람은 힘든 사람의 마음을 안다. 그냥 머리로 이해하는 것이 아니라 뼛속 깊이 그 감정의 기저를 헤아린다.

현재의 온갖 고민과 막막함,
상황을 둘러싼 주변 분위기,
극단적인 감정의 치우침,
앞으로에 대한 두려움,
밀려오는 불안감.

그들은 당신이 겪고 있을 그 상황을 안다. 그 마음을 이해한다. 지난날 힘들었던 기억 속에 남은, 누군가 그때의 내게 그렇게 해주길 간절히 바랐던 바람을 기억하기 때문이다.

그래서 힘든 시간을 보내온 이들의 그 마음이 참 고맙다. 힘들었을, 아팠을 시간 속에 단단해져온 보이지 않는 그 따뜻함이 참 많이 고맙다. 너무 고마워서 참 많이 미안하다.

타인의 흠을 찾아내는 사람은
<u>스스로</u>에게만 관대하다

   쟤 말투 좀 이상하지 않아?
   쟤는 웃는 게 울상이야,
   옷이 저게 뭐야,
   쟤는 뭘 해도 밉상이야,
   너무 거슬려,
   저거 또 내숭이야,
   착한 척하는 것 봐,
   이미지 관리하네,
   도대체 저런 애 뭐가 좋다고,
   난 걔 싫더라,
   느낌이 별로야,
   내 눈에는 가식이 다 보여.

   타인의 흠을 찾아내는 사람은, 어떻게든 남을 깎아내려 스스로를 위로한다. 그들에게 타인의 흠은 결코 사라지지 않는다. 흠이 있어 트집을 잡기보다 트집을 잡기 위해 흠을 찾기 때문이다.

그들은 대개 매우 이기적이게도 자신에게만 관대하다. 내가 지적한 그 흠이 자신에게 있는 줄도 모른 채.

어느 순간 화가 많아지는 이유는

어느 순간 화가 많아짐을 느끼는 때가 있다.

충분히 지나칠 수 있는 일임에도,
충분히 웃어넘길 수 있는 일이었음에도,
그렇게까지 화를 낼 일이 아니었음에도,
그런 의도가 아니라는 것을 알고 있음에도,

어느 날인가 갑자기 불쾌함으로 다가오는 때가 있다. 괜스레 욱하는 때가 있다. 인정하기 싫지만, 불편할 수 있지만, 이는 대개 열등감이라는 이름이 나를 잠식해버렸을 때다. 그리고 이는, 마음에 여유가 사라졌다는 신호다.

그 순간,
내가 그보다 못한 존재인 걸까,
내가 왜 이런 대우를 받아야 하나,
내가 뭐가 부족해서,
내가 왜,

나한테 왜,
나만 왜,
네가 어떻게 나한테,
라는 마음에, 나도 모르게 왠지 자존심이 상해,
여유를 잃어버리는 때다.

이런 경우, 나와 상관없는 일이라 생각할 수 있으면, 내 마음에 여유가 생기면, 같은 일이더라도 아무렇지 않게 넘긴다. 감정의 흐름은 금세 괜찮아진다. 그 감정을 바라볼 수 있다면, 그 감정을 인정한다면, 흘려보낼 수 있다.

그러니 혹시나 근래 주위에서 화가 많아진 것 같다는 말을 듣거나 스스로 내가 왜 그랬을까 하는 생각이 든다면, 마음에 여유가 없었던 것은 아닌지 돌아볼 필요가 있다. 이를 바라볼 수 있다면 오히려 이것이 계기가 되어 더 나은 나로 성장할 수 있다. 그것을 어떻게 받아들이느냐에 따라 달라질 뿐이다. 그러면 괜찮다. 어떤 상황도, 당신의 어떤 감정도.

솔직함과 무례함은 한 끗 차이

 많은 이들이 타인의 시선, 타인의 평가에 얽매여 수동적인 선택을 한 경험이 많아서일까. 우리는 늘 나다움에 대해 고민한다. 나답게 산다는 것, 나답게 행동한다는 것. 그래서 우리는 나다움을 위해 조금씩 솔직하려고 노력한다. 그런데 이 솔직함은 자칫 무례함을 포장하는 무기가 될 수 있다.

 난 숨기지를 못 해,
 난 표정에서 다 드러나,
 내가 거짓말을 못 하잖아,
 내가 좀 직설적이야,
 난 앞에서 할 말 다 해,
 뒤끝이 없는 편이라서 그래,
 내가 워낙 포장을 못 해,
 나 돌려 말하는 거 못 하는 거 알잖아,
 내가 좀 솔직한 편이라서.

 누군가에게는 자칫,

그러니까 기분 나쁘더라도
이런 나를 당신이 다 이해하라는 말.
그러니 당신이 나에게 다 맞추라는 말.

그 모습의 내가 정말 솔직한 것일까,
아니면 무례한 것일까.

 거짓말을 하는 것과 알고도 말하지 않는 것이 때에 따라 같을 수 있듯, 솔직함과 무례함은 어쩌면 한 끗 차이일 수 있다. 배려와 존중이 없는 솔직함은 무례함이 될 수 있다.

왜 인간관계는 언제나 상처로 통할까

우리가 살아가며 겪는 모든 고민의 끝에는 언제나 인간관계가 있다.

학교생활을 하면서 친구와의 관계,
가정 내에서의 가족과의 관계,
사회생활을 통한 동료와의 관계,
여자친구, 남자친구, 연인과의 관계,
어딘가에서 만난 나보다 나이가 많거나
나이가 어린 사람들과의 관계,
각종 모임에서 어울리는
비슷한 취향의 사람들과의 관계,
자녀 문제로 만난 학부형들과의 관계,
동네 주민들과의 관계,
불특정다수의 온라인의 익명성을 통한 관계,
등이다.

그 안에서 우리는,

속고,
배신을 당하고,
오해가 생기고,
다투고,
욕을 먹고,
상처받고,
좌절하고,
우울감에 휩싸이고,
미움받고,
화를 내고,
억지로 웃고,
마음에 없는 말을 하고,
비위를 맞추고,
스스로를 깎아내리기도 한다.

이 과정에서의 정신적 피로감과 에너지 소모가 엄청나기 때문에 그 끝에는 언제나 인간관계는 힘들다는 결론에 머무른다. 그러나 우리는 이를 반대로 생각해볼 필요도 있다.

그 안에서 우리는,
내 마음을 표현하기도 하고,
나를 믿어주는 사람을 만나고,
내가 의지하고 싶은 사람을 알게 되고,
세상에는 따뜻하고 고마운 사람이 있음을 알고,
내가 만난 세상이 전부가 아니었음을 깨닫고,
뜨겁거나 혹은 잔잔하거나
다양한 감정의 사랑을 하고,
베풀고 나누는 행복을 느끼고,
목적을 이루는 만족감을 얻고,
목표를 향해 나아가는 꿈을 지니고,
나의 삶이 누군가의 희망이 될 수도 있음을,
존재의 가치를 찾고,
아주 작은 감동 하나로 오늘을 살아가고,
무언가를 향한 작은 기대감으로 내일을 준비한다.

물론 누군가는, 좋은 쪽보다 그렇지 않은 쪽의 경우가 훨씬 더 많기 때문에 여전히 힘들다고 말할지도 모른다. 어쩌면 그 힘든 마음이 너무 커서 그럼에도 불구하고 모든 것을 내려놓고 싶은 마음이 든다고 할지도 모른다.

다만, 언젠가 조금이라도 잘해보고자, 무언가를 다시 시작해보고자 하는 결심이 서는 순간이 온다면, 지금과는 달라지고 싶다는 마음이 든다면, 이것 하나만 꼭 기억하기를 바란다.

우리의 걱정거리는 혼자라면 겪지 않아도 될 일들이다. 그러나 동시에, 우리는 혼자라면 아무것도 겪을 수 없다.

기분이 태도가 되어서는 안 된다

 우리는 매 순간 기쁠 수 없다. 그렇기에 감정에는 기복이 있다. 그리고 매우 친밀한 관계에서는 그 감정을 일부러 드러내는 경우도, 혹은 미리 알아채고 맞춰주는 경우도 있다. 그러나 우리가 사회생활을 할 때에는, 대다수의 타인을 대할 때에는 조금 달라야 한다.

 내 기분이 태도가 되어서는 안 된다. 내 기분 따라 표정을 짓고 말을 내뱉고, 내 기분대로 타인을 대해서는 안 된다. 이때 우리가 헷갈리지 말아야 하는 것이 하나 있다. 감정을 억누르지 말라는 말, 내 감정을 외면하지 말라는 말. 그 말의 오류에 빠져서는 안 된다.

 감정을 억누르지 말라는 말은, 그날의 기분대로 감정을 마구 표현하거나, 내 감정에 취해 타인의 감정을 아랑곳하지 않는다거나, 언제든 내 감정대로 사람을 대해도 된다는 의미가 아니다.

감정을 억누르지 말라는 말은,
현재 내 감정이 어떤 상태인지,
무엇 때문에 기분이 상했는지,
어떤 때에 욱하게 되는지,
어떤 상황이 기분을 언짢게 했는지,
무엇 때문에 화가 치미는지,
어떤 때에 내가 우울해지는지,
내가 그 사람과 있을 때 왜 불편한지,
내가 두려워하는 것의 이유가 무엇인지,
그것이 언제부터 시작된 감정인지,
 지금의 내 상황과 감정을 모른 척하지 말고, 때로는 제3자가 되어 객관화해서 바라볼 수 있어야 한다는 의미다.

 모른 척하고, 외면한 채 억눌러 둔 감정은 언젠가 폭발할 수 있기 때문에, 그때마다 감정의 이유를 명확하게 인식하고, 감정을 감정으로써 그것은 내가 아님을 바라보고, 있는 그대로의 감정을 수용하고 흘려보낼 수 있어야 하는 것. 결코 감정이 나를 잠식해서는 안 된다는 것. 그런 의미에서 받아들일 수 있어야 한다.

잊지 말아야 한다. 감정은 내가 아니다. 나의 기분이 나의 태도가 되어서는 안 된다.

아무런 이유 없이 위로받고 싶은 날

그런 날이 있다.

아무런 이유 없이 문득 눈물이 차오르는 날.
세상에 나 홀로 남겨진 것 같은 날.
모든 근심 걱정을 마냥 내려놓고 싶은 날.
내 이야기를 들어줄 한 사람이 필요한 날.

그런 날의 나에게,
그런 날의 당신에게,
그 단 한 사람이 내가 되어
이유 없이 위로를 건네고 싶은 날.

지금 충분히 잘 살아가고 있다고,
충분히 빛나는 날들이 펼쳐질 거라고,
아무런 이유 없이
오직 나를 위해, 오직 당신을 위해
진심을 전하고 싶은 날.

절대 실망하지 않는 인간관계를 맺는 방법

네게 잘해주고 싶어,
너와 친하게 지낼래,
우린 친구니까,
너를 위해서 준비한 거야,
우리 우정은 영원할 거야,
우리 베프 맞지?

우리의 관계가 특별했으면 해서 깊은 관계를 맺으려 노력했다는 것은 나의 입장이다.

난 우리가 정말 친한 사이라 생각했는데,
난 내 힘든 얘기도 털어놨는데,
나는 네게 정말 마음을 다 줬는데,
난 정말 잘해주려고 노력했는데,
나 혼자 착각했나 봐,
나만 친한 사이라 생각했나 봐,
넌 그 정도는 아니었나 봐,

넌 다른 사람들이랑 더 친하네,
나 혼자 뭐한 거니.

마음 준 것도 나였고, 혼자 실망한 것도 나다. 모두 내가 원해서 한 일이다. 상대방은 내게 우리를 깊은 사이라 생각하고 잘해달라 부탁하지도, 기대에 못 미쳐 실망하라 요청하지도 않았다. 그저 내가 원해서 한 일이다. 그 사실을 정확히 인지해야 한다.

그리고 같은 상황을 반복하지 않기 위해서는, 절대 상대방에게 무언가를 기대하지 않고, 주고 싶은 만큼, 내가 돌려받지 못하더라도 기쁘게 내어줄 수 있는 만큼, 상대방에게 있는 그대로의 진심을 다하는 것. 그것뿐이다.

실망한다는 것은, 상대방에게 기대했다는 의미다.
실망한다는 것은, 상대방도 그만큼 해야 한다는 강요의 의미다.

서로가 같은 마음이면 가장 좋겠지만, 그렇지 않다 해서 실망할 이유도 없다. 내가 원해서 한 일이니까. 나는 그저 내가 할 수 있는 선에서, 나를 갉아먹지 않는 선에서 마음을 다하면 된다. 그러면 된다.

장난이라는 이름으로
절대 하지 말아야 하는 것들

장난이야,
장난 갖고 뭘 그래,
장난도 못 치겠네,
장난도 몰라?
장난인데 왜,
그냥 장난 좀 친 거야,
난 그냥 장난이었어,
에이 다 장난이지,
장난에 왜 이렇게 예민하게 굴어,
장난 좀 친 게 어때서,
장난에 삐치고 그래,
애가 장난을 못 받아들여.

장난이라는 이름의 포장이 위험한 이유는, 때로는 상대방의 기분을 고려하지 않기 때문이다. 특히, 좋아하는 감정을 이용한 장난, 사람의 마음을 떠보고 놀리는 장난. 정말 못된 장난이다.

그리고 또 하나가 있다면, 장난이라는 이름으로 상대방을 교묘하게 괴롭히는 장난. 상대방이 그것에 불쾌해하거나 화를 내면, 장난도 못 받아주는 쪼잔한 사람으로 몰아가는, 장난에 삐치는 속 좁은 사람으로 만들어버리는 못된 장난. 아니, 그냥 괴롭힘.

장난은 서로가 웃어넘길 수 있을 때, 서로가 그 장난에 공감할 수 있을 때라야 장난이다. 착각하지 말아야 한다. 나 혼자만 재미있는, 상대방이 기분 나빠하는 장난은 그냥 나의 무례함일 뿐이다.

싫은 소리 못 하는 내가 바보같이 느껴질 때

평소 주변 사람들의 착하다는 말이 나의 이미지가 되어버린 것 같을 때. 나는 항상 착한 아이로 남아야 할 것만 같고, 누군가에게 부탁을 하거나 내 생각과 의견을 말하는 자체가 왠지 부담스럽고 눈치 보일 때.

주위에서는 나를 칭찬하지만, 정작 나는 이러한 내 모습이 주눅 들어 있고 자존감이 낮은 것 같아 복잡하기만 하다. 그러다보니 나의 가장 솔직한 모습을 내보이는 나의 연인에게 집착하기도 한다. 이별을 하는 것이 마냥 두렵기만 하다. 한 사람에게만 자꾸 의지하려 한다.

나는 왜 이렇게 자존감이 낮은 걸까,
나는 왜 이렇게 싫은 소리 하나 못 할까,
나는 왜 이렇게 부탁 하나 제대로 못 할까,
나는 왜 이렇게 잘난 구석이 없는 걸까,
나는 왜 이렇게 눈치 보며 사는 걸까,
나는 대체 왜 이런 걸까.

아니다.

당신이 부족해서가 아니다. 대부분의 사람들이 비슷하게 살아간다. 하고 싶은 말 다 하지 못하고, 때로는 눈치도 보고, 원치 않는 선택을 하기도 하면서, 그렇게 살아간다.

다만 그것을 나의 낮은 자존감, 나의 콤플렉스, 나의 모자람 때문이라고 정의 내리는 순간부터 그것은 정말 나의 부족함이 되어버린다. 그 순간부터 나만 그러한 사람처럼 되어버린다. 세상은 다 잘 돌아가는데, 세상 사람들은 다 잘 지내는 것 같은데, 나만 혼자 바보가 되어버린다.

아니다.

당신의 착함은 결코 당신의 만만함이 아니며, 당신의 예의 바름은 결코 당신의 주눅 듦이 아니다. 당신의 내성적임은 결코 당신의 낮은 자존감이 아니다. 당신은 부족하지 않으며, 당신의 삶이 틀린 것이 아니다. 결코 자책해서는 안 된다.

진정한 변화는, 나를 탓하는 것에서가 아니라 나를 받아들이고 스스로를 이해하는 데에서 시작해야 한다.

매사에 부정적인 사람이 불편한 이유

 매사에 부정적인 언어를 구사하는 사람이 불편한 이유는, 대부분 그 자신이 매우 객관적인 사람이라고 착각을 하고 있기 때문이다. 그리고 그것이 세상을 바라보는 기준이 되어 다른 생각에는 일단 반대 의견을 내놓는다.

 네가 무슨,
 에이, 아니지,
 아니, 근데,
 그래, 근데,
 무슨 말인지는 알겠는데,
 그게 아니라.

 객관적인 것과 부정적인 것은 다르다. 객관적이되 충분히 긍정적일 수 있다. 착각하지 말아야 한다. 객관적인 것은 현상이고, 부정적인 것은 선택이다.

 물론, 무조건적인 희망을 가져야 한다는 것이 아니다. 맹목적인 수용을 해야 한다는 것이 아니다. 적어도, 자신의 삶을 살아가기 위해, 조금이라도 더 원하는 방향으로 나아가기 위해 나의 행복을 선택한 이들을, 일단 반대하며 비난하거나 조롱해서는 안 된다는 것이다. 행복의 기준은, 또한 후회의 기준은, 모두가 다를 수 있다.

그렇기 때문에
내 생각이 옳다는 마음으로 세상을 바라보는 것,
나를 기준으로,
다른 생각을 가진 이들의 선택을 비난하는 것,
일단 내뱉은 다음,
아니면 말고 식의 화법을 구사하는 것,
마치 그 일이 일어나기를 기다리기라도 하는 듯
벼르듯이 이야기하는 것.

그것을 삼가야 할 것이다.

그래서 부정적인 사람들과 만나고 오면, 흔히 기가 빠진다는 표현처럼 마치 노동을 하고 온 듯 기력이 없는 경우가 많다. 이리저리 마음이 치여서.

누군가 내 이야기를 하고 다닐 때의 감정

 누군가의 남 이야기가 무서운 진짜 이유는, 내가 그것을 당하는 입장이 되었을 때, 종국에는 그 인물을 특정할 수 없다는 데에 있다. 나의 가족들이나 정말 마음으로 통하는 오랜 벗이 아닌 이상, 사회에서 만난 이들이 누군가 내 이야기를 하고 있음을 알게 되었을 때는 두려움이 함께 밀려온다.

 혹시 이 사람도 그 이야기를 들은 건 아닐까, 누군가 또 나에 대해 오해하고 있지는 않을까. 조금만 연락이 소원해져도, 혹시 일부러 나를 멀리하기 시작하는 걸까. 조금만 어색한 표정을 지어도, 이 사람도 나를 싫어해서 그러는 걸까. 온갖 부정적인 생각이 밀려온다.

 나를 위축시키는 그 상황들,
 나의 행동을 제약하는 그 시선들,
 갈수록 나를 작아지게 만드는 그 오해들.

 중요한 것은, 그 상황들에 휩쓸린 주변 이들 또한 언제라도 이러한 일을 당할 수 있다는 것. 그것을 주도한 이들도, 그것에 동조한 이들도 모두 이와 같은 상황에 처할 수 있을 거라는 것.

세상의 이치는 놀랍도록 정확해서 내가 행한 일들은 어떤 식으로든, 그 형태는 다를지언정 반드시 자신에게 모두 돌아온다.

내 것이 귀하면,
남의 것이 귀한 줄도 알아야 한다

이해를 못 하겠네,
난 네가 왜 화를 내는지 모르겠는데,
난 기분 안 나쁠 것 같은데,
이게 뭐 어때서?
뭐 그런 것 갖고 그래,
난 널 위해서 한 거야,
다 너 잘되라고 하는 말이야.

관계의 기본은,
내가 상대방의 입장이 되어 생각해보는 것이다.

왜 기분이 상했을까,
왜 표정이 안 좋아졌을까,
왜 화를 낸 걸까,
어떤 물건이 가장 필요할까,
어떤 말을 해야 좋을까,
이 선물을 기뻐할까,

뭐라고 위로를 해줘야 할까,
나라면 어떤 기분이었을까,
누군가 나를 이렇게 대해도 괜찮을까.

행하는 입장이 아니라, 받는 입장이 되어야 한다. 나의 입장이 아니라, 내가 상대방의 입장이 되어 생각하는 것. 그것이 역지사지다. 말로만 하는 것이 아닌, 마음으로 상대방을 위하는 관계의 방식이다.

내 감정이 소중한 만큼 타인의 감정도 소중하다. 내가 상처받고 싶지 않은 만큼 타인도 상처받지 않을 수 있도록 배려해야 한다. 내 것이 귀하면, 남의 것이 귀한 줄도 알아야 한다. 그 또한 상대방에게는 내 것이기 때문이다.

내게 상처 준 사람에게 나도 상처 주고 싶다

부당한 처우에 화가 날 때,
억울한 상황에서 분한 마음이 밀려올 때,
그런데 정작 내가 할 수 있는 일이 없을 때,
그리고 그것이 이미 지나간 일이 되어버렸을 때.

그 일이 떠오를 때마다 억하심정이 밀려온다. 감정이 가라앉기는커녕 생각날 때마다 더 화가 날 뿐이다. 나는 이렇게 상처받고 괴로운데, 상대방에게도 그저 똑같이 상처를 주고 싶은 마음이 든다. 주위에서는 이미 지나간 일, 어쩔 수 없는 일 아니겠냐며 잊으라는데, 시간이 흐르면 괜찮아질 거라는데, 마음대로 되지 않는다. 오히려 더 짙어지는 것만 같다.

당연하다. 모두 당연한 감정이다. 다만 그 감정에 오래 머물러서는 안 되는 이유는 따로 있다. 그 감정이 나를 갉아먹기 때문이다. 언젠가 그 화살이 나를 향해버리기 때문이다.

그때 이렇게 할 걸,
이런 말을 해줄 걸,
조금 더 현명하게 대처할 걸,
아니,
처음부터 마주하지 말 걸,
애초에 그날의 시작이 없었더라면,
왜 그런 일에 휘말려가지고,
내가 부족해서 이런 일을 당한 거야,
복수하고 싶어,
이런 일을 당할 이유가 없다는 걸 증명해야 돼,
안 그러면 나는 진짜 바보 취급당하는 거야.

아니다. 당신은 분명 그 순간, 그 자리에서, 당신이 할 수 있는 최선을 다했을 것이다. 시간이 흘러 떠오르는 최상의 시나리오는 그저 드라마일 뿐이며, 이는 나를 더 작아지게 만들 뿐이다.

반대로 생각해보자. 당신을 찾아와, 특정 상황에서 할 말을 제대로 못 한 자신을 바보 같다며 자책하는 이에게, 당신은 그래, 넌 바보라고, 바보같이 왜 그랬냐고 타박을 하겠는가.

 아닐 것이다. 당신은 분명 괜찮다고, 너는 네가 할 수 있는 최선을 다했을 것이라고, 그러니 네 잘못이 아니라고 말해줄 것이다. 그리고 앞으로 어떻게 지내야 할 것인지, 같은 상황에 처했을 때 어떻게 대처해야 할지를 이야기 나눌 것이다. 누구라도 그럴 수 있으니까. 결코 내가 부족해서가 아니니까. 전혀 예기치 못한, 준비 되지 않은 상황에서 최상의 시나리오대로 할 말을 다 하는 사람은 많지 않으니까.

 시간이 약이라는 말은, 그 감정을 붙잡고 있지 않을 때 유효하다. 그러니 그 감정에 너무 오래 머무르지 않기를 바란다. 부디 그날이 아닌, 앞으로의 날을 바라볼 수 있기를 바란다.

내가 지나치게 긍정적이었던 이유는

어쩜 그렇게 밝을까,
넌 정말 낙천적인 것 같아,
넌 정말 걱정이 없는 사람 같아,
어떻게 그렇게 긍정적이야,
넌 괜찮지?
넌 늘 괜찮잖아,
긍정적인 네가 참 부러워,
넌 고민이 없어서 좋겠다.

고민이 없어서가 아니다. 힘듦이 없어서가 아니다. 나는 늘 괜찮은 사람이 아니다.

실은 나도, 내려놓고 싶은 때가 있다.
실은 나도, 걱정에 잠 못 이루는 날이 있다.
실은 나도, 누군가에게 기대고 싶을 때가 있다.
실은 나도, 미친 듯이 울고 싶을 때가 있다.

때로는 나의 지나친 긍정적임은, 혹시나 정말 내 스스로 무너지지는 않을까, 나의 나약함을 모두에게 들켜버리는 것은 아닐까, 내려놓고 싶은 안일한 생각들이 나를 잠식해버리지는 않을까, 하는 두려움에, 더 강해지기 위한 방식이기도 했다. 그럼에도 누군가는 나를 알아줬으면 하는 마음에, 그럼에도 누군가는 그 마음을 헤아려줬으면 하는 마음에.

나도 안다. 표현하지 않은 감정들을 알아주길 바란다는 건, 그저 내 욕심이라는 것. 그저 나의 바람으로 그칠 것이라는 것.

그래서 나는 타인의 웃음 뒤에 있는 삶의 무게를 보려고 한다. 내가 사랑하는 이들의 진짜 마음을 들여다보려 한다. 내가 누군가에게 바랐던 그 마음 때문에. 그들만큼은 내게 기댈 수 있기를 바라서.

사과를 하지 않는 사람

가끔 주위에 그런 사람이 있다. 사과를 하지 않는 사람. 어떤 때는 완전체인 듯한 사람.

그러한 상대방을 너무 이해하려 애쓰려,
내가 믿고 싶은 대로 부정하려,
막연히 시간을 두고 지켜보려,
다른 의미를 부여하려,
혼자 끙끙 앓지 않기를 바란다.

복잡하게 생각할 것 없다. 미안하다는 말을 하지 않는 것은, 사과를 하지 않는 것은, 결국 내면에서는 자신의 잘못을 인정하지 않는 것이다.

그것을 꼭 말로 해야 알겠냐며,
마음이 있으면 되는 것 아니냐며,
자신은 정말 특별한 상황일 때만 말한다며,
이 정도 얘기했으면 됐지

뭘 꼭 사과까지 해야 하는 거냐며,
나도 네 입장 네 마음 다 알고 있다며,
내가 감정 표현에 조금 서툴러서
단지 사과를 하지 않는 것뿐이라며,
둘러대는 것은 아무런 의미가 없다.

 단어가 지닌 의미, 그것을 말로 내뱉는 것의 의미를 그렇게까지 특별하게 부여한 사람이라면 사과를 하지 않는 것이 더욱 이상한 일이다. 진심으로 자신의 잘못을 인정했다면, 진심으로 반성을 하고 있다면, 진심으로 상대방에게 미안한 마음이 있다면, 사과해야 한다. 아니, 자연히 사과하게 된다.

 미안하다는 말을 한다 해서, 모두가 진심으로 자신의 잘못을 인정하고 뉘우치고 미안해하는 것은 아닐 수 있다. 그러나, 그 미안하다는 말조차 하지 않는 것은, 미안해하고 있지 않기 때문일지도 모른다.

그리고 이쯤에서 드는 의문이 있다. 왜 꼭 그러한 사람들은 고마움도 잘 표현하지 않는 것일까.

이러한 고민을 해결하기 위해서는, 그 상대방이 변화하기를 기대하기보다, 그러한 사람임을 그 자체로 인정하고 받아들이는 쪽이 훨씬 더 빠를지도 모른다.

내 옆을 의식하는 순간 페이스를 잃는다

미래를 위해, 꿈을 위해, 앞을 향해 나아가며 옆을 바라보는 방식은 두 가지가 있다.

하나는,
한 번씩 스스로를 환기하며 주위를 둘러보며 가는 것,
또 하나는,
극한의 초조함으로 내 옆의 경쟁 상대를 의식하며 가는 것.

우리는 후자에 취하는 것을 경계해야 한다. 나와 비슷한 조건의, 혹은 내가 시기하거나, 자꾸만 그 행보가 눈에 밟히는 누군가를 의식해 그와 비교해가는 삶. 그의 잘 됨이 부럽고, 배가 아프고, 옆을 볼 때마다 내가 뒤처지는 것만 같아 불안하고, 현재의 내 상황이 자꾸만 부족해 보이고, 마음 깊숙이 밀려오는 초조함에 밤잠을 설치는 날들.

결국 잘 하고 있다가도, 좋은 흐름을 이어가고 있다가도, 할 수 있는 최선을 다하고 있었음에도, 그 불안함에 그 초조함에 나의 페이스를 잃어버리게 된다. 괜한 무리수를 두게 되고, 오버 페이스가 되어 흐름이 끊겨 버린다. 내 것이 아닌, 내가 할 수 있는 것이 아닌, 남의 것, 남의 방식을 해보려다가 탈이 나버린다. 일을 그르쳐 버린다.

앞을 향해 추진력 있게 나아갈 때 반드시 기억해야 할 것은, 지금 내가 어떤 마음으로 옆을 둘러보고 있는가이다.

우울한 데에는 이유가 없다, 어느 순간부터는

요즘 너무 우울해,
힘들어,
다 내려놓고 싶어,
지친다, 정말,
사는 게 뭔지,
마음 의지할 곳이 없어,
아무도 내 마음을 몰라,
세상이 무섭다,
웃고 있지만 슬프니까,
이 마음을 뭐라 설명해야 할지,
앞으로도 이대로라면 내 삶은 의미가 없어,
행복하지 않아,
즐겁지 않아,
참 외롭다,
나 정말 혼자구나.

나의 마음이 속삭일 때, 그 마음은 세상의 거친 메아리가 되어 돌아온다.

그러니까 왜 그러는 건데,
뭐가 부족해서,
무슨 일 때문인데,
뭔지 말 좀 해봐,
말을 해야 알지,
도대체 뭐가 문제라는 거야.

그 정도 가지고 왜,
너는 다 가졌으면서,
다 배부른 소리야,
내가 너라면 절대 안 그러겠다,
네가 나보다 나은데 왜,
그게 뭐 대수라고,
다른 사람들은 더 힘들어,
너는 복 받은 줄 알아.

아무리 힘든 이유를 말하라 한들, 우울의 시작이 무엇인지를 묻는다 한들, 어느 순간부터는 더 이상 답을 할 수가 없다.

결국 그 이유는 결코 모두를 납득시킬 수 없을 것이고, 그 힘듦의 무게와 우울의 크기는 누구의 기준으로도 판단할 수 없기에.

화가 치솟을 때 가장 먼저 해야 하는 행동

순간적으로 누군가에 대한 분노와 원망이 치솟을 때가 있다. 당장이라도 상대방을 쫓아가 따져 묻고 싶을 때가 있다. 지금 바로 이 감정을 내뱉지 않으면, 쏟아내지 않으면, 안 될 것만 같은 때가 있다.

이때 우리는 모든 면에서 가장 조심해야 한다. 절대 그 순간의 감정에 못 이겨 즉각적으로, 충동적으로, 우발적으로 행동하거나 말하지 말 것. 혹시나 추측만으로, 지레짐작만으로, 타인의 주장만으로 감정에 휩싸이지 말 것. 반드시 사실 관계를 확인한 다음, 마음을 가라앉히고 정리한 후 선택할 것.

한 발자국 떨어져 결정한 이 선택이, 감정이 동요하는 순간, 후에 조금이라도 내가 불편할 만한 상황에 놓이지 않게 만들어 줄 것이다.

과부하에 걸린 사람들의 마음의 신호

 유난히 밝아 보이는 사람에게도, 마냥 남의 이야기를 잘 들어주던 사람에게도, 평소 강해보이던 사람에게도, 찾아오는 우울감이 있다.

 나는 항상 들어주는 사람이어서,
 남들이 나를 강한 사람으로만 알고 있어서,
 심지어 나도 내가 강한 사람인 줄 착각하고 있었어서,
 내가 왜 이러는지 모르겠다.
 힘들다고 말하지도 못하겠고, 기대기는 더 힘들다.
 그래서 어쩐지 내가 정말 괜찮은 건지 아닌지도
 모르겠는 마음.

 이는
 내 마음이 과부하라는 신호다.
 내 마음이 지쳤다는 신호다.
 내 마음이 어딘가 조금 기대고 싶다는 신호다.
 내 마음도 위로받고 싶다는 신호다.

그것은 내가 나약해서도, 내가 잘못돼서도, 내가 틀려서도 아니다. 그렇지 않을 거라며 부정해서도, 괜한 감정이라며 모른 척 지나가 버려서도 안 된다. 바라봐줘야 한다. 그리고 인정해야 한다.

나 요즘 많이 힘들었구나,
나도 위로받고 싶었구나,
나도 기대고 싶었구나,
나도 지치는구나,
나도 조금 쉬어야겠다,
그래도 되겠다,
세 보이려 할 필요 없으니까,
이제 스스로 나를 더 챙겨야겠다.

바라봐주고, 그 마음을 인정해주기를 바란다.

사람은 누구나 다양한 모습을 안고 살아간다. 그리고 나는 이제 내가 몰랐던 나의 새로운 면을 하나 더 알게 된 것뿐이다. 그것뿐이다. 그 모습도 나다. 마냥 강한 척하지 않아도 괜찮다. 이제는 내 마음의 신호를 바라봐야 할 때다.

맹목적인 긍정보다는

우리는 긍정이라는 이름을 매우 자주 사용한다.

긍정적인 말,
긍정적인 태도,
긍정적인 삶,
긍정적인 마인드,
긍정적인 생각,
긍정적인 사람.

분명 좋은 의미다. 그리고 부정적인 것보다는 긍정적인 쪽으로 생각하고, 태도를 보이는 것이 여러 면에서 분명 더 낫다. 단, 이것이 문제가 되는 때가 있다. 어느 것이나 그렇듯 그 앞에 무조건적인, 맹목적인, 절대적인 등의 수식어가 붙었을 때다.

긍정이 필요한 본질적인 이유는, 주저앉고 싶은 힘든 상황이 몰려와도 또다시 일어설 힘을 얻을 수 있어서다. 세상이 무너질 것만 같은 순간에도 더 나은 내일이 있을 거라는 희망을 안을 수 있어서다. 지금은 비록 앞이 보이지 않더라도 언젠가 반드시 그 어둠이 걷히게 될 거라는 확신을 지닐 수 있어서다. 더욱 건강한 정신으로, 오늘을 살아갈 힘을 얻기 위해서다. 사랑하는 사람들에게 좋은 영향을 미치고, 우리가 더욱 함께 행복하기 위해서다.

그런데 무조건적인, 맹목적인 긍정은 오히려 독이 될 수 있다. 무엇이 잘못됐는지, 문제인지는 전혀 모른 채, 자칫 자기암시, 자기 합리화에 그칠 수가 있기 때문이다. 따라서 그 안에서 반드시 생략되지 말아야 할 것들이 있다.

현재의 내 모습, 내 상황에 대한 끊임없는 사색과 고찰. 이 과정을 통한 반성과 더 나은 선택을 위한 방향 설정. 이 과정은 반드시 긍정을 기반으로, 모든 긍정은 반드시 이 과정을 전제로 해야 한다.

우리는 미래를 살다 온 것이 아니기 때문에

우리는 모두 각자의 크고 작은 고민을 안고 살아간다.

학창 시절에는 학창 시절대로,
성인이 되어서는 성인이 된 대로,
결혼을 해서는 결혼을 한 대로,
노후에 이르러서는 노후에 이른 대로,
그렇게 누구나 각자의 고민을 안고 살아간다.

친구들과 잘 어울릴 수 있을까,
성적이 잘 나올까,
원하는 대학교에 갈 수 있을까,
자격증을 딸 수 있을까,
취업을 할 수 있을까,
일에 잘 적응할 수 있을까,
사람들이 날 싫어하지는 않을까,
저 사람은 내게 왜 화가 난 걸까,
꿈을 위해 일을 그만둬야 할까,

다른 직장을 찾아볼까,
이 사람과 결혼을 해도 될까,
이 사람이 나를 사랑하기는 하는 걸까,
등등.

이번 고비를 넘겼다 싶으면 또 다음 고비가 나타난다.
이번 고민을 흘려보냈다 싶으면 또 다른 고민이 생겨난다.

우리의 삶이 그렇다. 대부분의 사람들이 그렇게 살아간다. 매 순간 고민하고, 그렇게 다음번에는 조금 더 나은 선택을 하기 위해 노력하면서. 그렇게 내가 어떤 사람인지를 알아가면서.

누구나 그렇듯, 당시 내게 직면한 문제가 가장 큰 걱정거리다. 그리고 그 고민은 해결 방안이 보이지도 않고, 이 시기가 과연 지나가기는 하는 걸까, 일이 잘 풀리기는 할까, 볕 들 날이 올까, 보이지 않는 미래에 불안감만 밀려올 뿐이다.

당연한 일이다.

 그럼에도 감히 이 모든 상황이 괜찮다고, 괜찮아질 것이라고 말할 수 있는 것은, 이러한 고민을 하고 있는 당신은 분명 충분한 노력을 하고 있을 것이기 때문이다. 또한, 그러한 고민이 내가 걱정하고 있다고 해서 상황이 달라지는 것은 아니기 때문이다.

 우리는 미래를 살다 온 것이 아니기 때문에 불과 내일 펼쳐질 일들도 예측할 수 없다. 이때 내가 할 수 있는 일은, 오늘 하루를 살아가는 것, 그리고 이 순간 지금 내가 할 수 있는 일을 해나가는 것. 그것뿐이다.

 뜻대로 되지 않는 현실에 미래가 걱정되어서 막막할 수 있다. 불안함에 잠을 이루지 못할 수도 있다. 나만 자꾸 뒤처지는 것 같다는 생각에 자괴감이 들고 초라해지는 기분이 들 수 있다. 그러한 감정이 드는 것은 당연한 일이다.

단, 그 생각에 너무 오래 머무르지 않기를 바란다. 그 고민거리가 나의 삶을 통째로 좌지우지 하는 것이 아님을, 나의 삶의 가치가 현재의 고민에 의해 평가되는 것이 아님을, 꼭 기억하기 바란다.

 그리고 그 고민은 비단 나에게만 닥친 불운이 아님을, 결코 세상이 나를 외면해서가 아님을, 누구나 각자의 상황이 있음을. 이 사실을 꼭 기억하기를 바란다.

감정에도 요요 현상이 있다

힘든 날, 슬픈 날, 우울한 날, 지친 날, 기대고 싶은 날, 펑펑 울고 싶은 날, 마음이 무거운 날, 네가 생각나는 날, 감정을 털어놓아야 하는 날, 감정을 들여다봐야 하는 날.

그날을 외면하면, 그날을 꾹꾹 억누르면, 마음에 탈이 난다. 결국에는 다시 돌아온다. 다시 그 감정에 사로잡힌다.

처음보다 더 큰 감정으로, 처음보다 더 무거운 마음으로, 그렇게 나를 짓누를 때가 있다.

감정에도 요요 현상이 있다.

나는 더 이상 너를 부러워하지 않기로 했다

우리는 살아가며 종종 타인의 시선에 얽매여 스스로를 평가하곤 한다. 특히 이는 누군가 적당한 비교 대상이 있을 때 더 심해진다. 나와 비슷했거나, 나보다 부족하다 여겼는데, 이들이 근래 어떤 면에서든 잘나가는 듯해 보일 때. 좋은 소식이 들려올 때.

누구에게도 말은 하지 않지만, 여간 신경 쓰이는 것이 아니다. 나보다 더 잘 되지는 않았는지 자꾸만 들여다보게 되고, 내가 왜 그보다 덜 한지를 자꾸만 비교하게 된다. 이를 해결하는 방법은 두 가지가 있다.

하나는, 내가 정말 전혀 다른 수준의 넘사벽이 되어 신경 쓰이는 그들과는 감히 비교도 할 수 없을 만큼 아예 잘 되어버리는 것이고,
또 하나는, 더 이상 그들과 비교해 나를 판단하지 말고, 나는 그저 나의 패턴대로 꾸준히 나아가는 것이다.

나는 우선 후자를 택할 것을 권하고 싶다. 그리고 그 다음, 천천히 전자를 향해 나아가면 된다.

당장의 좁은 시야로 바라본 현재의 나의 판단이 세상을 가늠할 수 있는 기준이 아닐 수 있다. 또한, 내가 갖지 못한 것에 얽매여 이를 질투하고 부러워하고, 그것을 의식하며 살아가는 삶은 그다지 건강한 삶이라 할 수 없다.

나의 비교 대상은, 내가 딛고 나아가야 하는 대상은, 그들이 아닌 나 자신일 수 있음을 바라볼 수 있어야 한다.

자, 오늘 이 순간부터 우리 약속하는 거다. 나는 이제 더 이상 너를 부러워하지 않기로. 나는 오직 나의 삶을 살아가기로.

그럴 수도 있겠다, 그래서는 안 된다

 살아가며 느끼는 불합리한 상황, 불편한 언행, 때로는 참을 수 없이 화가 나는 순간들. 이 모든 것들을 이해하기 위해, 상대방의 입장을 어떻게든 헤아려보기 위해, 우리는 그래, 그럴 수도 있겠다, 오죽하면 그럴까라는 문장을 몇 번이고 되뇐다.

 조금이라도 상대방을 이해해 보려는 마음. 이 상황을 어떻게든 좋은 방향으로 풀어보려는 노력. 분명 모두에게 반드시 필요한 태도다.

 그러나 나는 그것이 부디 한쪽의 일방적인 이해가 아니기를 바란다. 타인을 배려하려는 나의 진심이, 언제나 그래도 되는 사람으로 이용당하지 않기를 바란다. 그래서 그 마음 뒤에, 스스로의 기준을 세워두었으면 좋겠다.

 무작정 그저 학습으로 내뱉는 수긍이 아니라, 해도 되는 것과 해서는 안 된다는 것의 기준. 아무리 그렇다 해도 나는 그러지 않을 것이라는, 타인의 선택과 나의 선택을 명확히 분리할 수 있는, 나의 행동에 대한 신념과 철학.

그래야, 타인의 태도에 휩쓸리지 않는다.
그래야, 내가 상대방과 같은 사람이 되지 않는다.
그래야, 스스로의 행동을 합리화하지 않는다.

나를 싫어하는 사람의 존재를 알게 되었을 때

 우리는 살아가며 많은 사람들을 만난다. 그리고 그 가운데에는 나와 가까운 사이가 되는 인연도, 나와 사이가 좋지 않은 인연도 있다. 그런데 간혹 그 작은 트러블조차 받아들이지 못하는 사람들이 있다. 모두와 함께 잘 지내고 싶은 마음, 누구에게도 미움받고 싶지 않은 마음 때문이다.

 이러한 경우, 평소에도 여러 사람들과 얕고 넓은 관계를 유지하는 사람들이 많다. 모두에게 사랑받기 위해서는 대외적인 이미지가 필요하기 때문이다. 나는 착한 사람, 좋은 사람, 재미있는 사람이라는 이미지다.

 그러다가 누군가 나를 싫어한다는 것을 알게 되었을 때, 내색은 않지만 속으로는, 커다란 마음의 짐을 안게 되어버린다. 계속 그 한 사람이 신경 쓰이고, 그 사람의 주변에 있는 사람들까지 동조하지는 않을까 불안하고, 그들과 어울리는 내 가까운 사람들까지 걱정되기 시작한다. 괜히 사람들이 나를 대하는 태도가 달라진 것만 같고, 농담으로 건네는 말에도 괜스레 의미를 부여하고 불안해진다. 혹시 내 욕을 한 건 아닐까, 나를 싫어해서 그러는 건 아닐까.

먼저, 나는 이 모든 것이 괜찮다고 말해주고 싶다. 누가 나를 싫어하든, 내 주위에는 나의 진심을 알아주는 친구들이 분명 있으며, 그들이 진짜라고 이야기해주고 싶다. 그리고 나를 싫어하는 사람이 있을 수 있다고 하자. 그런데 왜, 나만 마음 졸이고 있어야 하는가. 그럴 이유가 전혀 없다. 그럴수록 더 당당해져야 한다. 그럴수록 더 떳떳해져야 한다.

내가 실수를 한 것이라면 사과를 하고 용서를 구하는 것이 맞지만, 나와 친하지도 않은데, 나를 겪어보지도 않은 채 이유 없이 싫어하는 사람에게는, 내가 마음 졸일 필요가 없다. 당신은 아무런 잘못이 없다. 그렇기에 더욱 이를 의식하지 말아야 한다.

물론, 이때까지 해보지 않은 경험이어서 쉽지는 않을 것이다. 그런데 앞으로도 매번, 나를 싫어하는 사람의 존재를 알게 될 때마다, 이렇게 나 혼자 주눅 들고 위축 되어 그 사람 눈치를 보고 그 사람 비위를 맞추려 애쓰며 살아갈 것인가. 어째서 가만히 있던 사람이 이유도 없이 죽은 듯이 살아야 하는가.

그럴수록 더 개의치 말아야 한다. 나는 그런 사람이 아님을 보여줄 수 있도록. 그 때문에 내 인생을 헛되이 보내지 않도록.

부탁 받지 않은 충고는 나의 욕심이다

옆에서는
단점이 눈에 보여서,
언젠가 실수하게 될 것이 뻔해서,
계속 이렇게 하면 안 될 거라 생각해서,
결과가 불 보듯 뻔해서,
잘못된 방향으로 가고 있는 것이 보여서,
이 부분은 조금 고쳤으면 해서,
지금보다 더 잘 됐으면 해서,
누군가에게 쓴소리를 할 때가 있다. 누군가의 행동을 지적할 때가 있다. 누군가가 불편해할 만한 소리를 할 때가 있다.

분명 누가 봐도 옳은 말, 누가 봐도 그 사람을 위한 말, 누가 봐도 당사자만 몰랐던 관점, 누가 봐도 당사자가 꼭 고쳐야 하는 점이라 해도, 설령 그렇다 해도, 충고는 섣불리 해서는 안 된다.

받아들일 준비가 되지 않은 사람에게는 아무리 필요한 말도, 진심으로 위하는 조언도, 남들 다 하는 뻔한 잔소리일 뿐이다. 그저 듣기 싫은 불편한 소리일 뿐이다. 아무런 소용이 없다. 받아들이지 못한다.

물론 간혹 그 충고를 그때에는 몰랐지만, 나중이 되어 되새기는 경우도 있다. 이 또한 마찬가지다. 결국, 스스로 상황에 처하기 전까지는, 스스로 느끼기 전까지는, 결코 깨닫지 못하는 셈이다.

받아들이든 받아들이지 못하든, 바로 변화하든 나중에 때가 되어 알게 되든 개의치 않고 건네는 충고는, 그래도 난 할 만큼 했다는 자기만족이고, 받아들일 마음이 없는 사람에게 강요하는 충고는 자기 욕심일 뿐이다.

누군가에게 꼭 필요한 말을 해줄, 충고를 해주기에 좋은 시기, 최적의 타이밍은, 오직 상대방이 그것을 원할 때다.

미래가 불투명하다는 두려움은

불투명한 미래에 대한 두려움은 우리를 아무것도 할 수 없게 만든다. 심지어는 마치 나를 무능한 사람, 무기력한 사람, 그리고 어느 시점에 멈춰버린 사람으로 만들어 버린다.

그래서 가만히 있다가도 문득 내일이 오는 것이 너무 두렵고, 모두가 잘 지내는데 나만 혼자 세상에 고립된 듯한 기분에 우울해하고, 이런 모습이 싫어 자책한다.

특히 엄청난 좌절감을 느꼈을 때,
너무 막막해 시도해볼 엄두조차 나지 않을 때,
내 결심, 내 의지와는 상관없이
더 이상 무언가를 할 수 없는 상황이 되었을 때,
스스로에게 확신이 없을 때.

이때의 감정은 실은 모두 자연스러운 것들이다. 살아가며 누구라도 한 번은 겪는 감정이다. 그럼에도, 내일을 두려워하는 이 현실이, 마냥 주저앉아 있는다 해서 변하지 않는다면, 달라지지 않을 것이라면, 스스로를 위해 한 가지 기억하길 바란다.

미래가 불투명하다는 두려움은 우리를 아무것도 할 수 없게 만들기도 하지만, 미래를 알 수 없기에 우리는 원하는 미래를 상상하고 꿈꿀 수도 있음을. 누군가는 이 뻔한 말을 믿고 이 순간에도 또다시 한 걸음 나아가 조금씩 삶을 변화시켜 가고 있음을. 이 글을 읽고 있는 당신 또한 충분히 그럴 수 있는, 누구보다 빛나는 존재임을 말이다.

꿈을 좇는 당신에게 하고 싶은 말

지금의 나를 위해 쏟아온 시간과 노력이 아까워서 망설이고 있었다. 내 결정을 믿어주지 않을 부모님을 설득할 자신이 없어서 주저하고 있었다. 꿈을 선택하는 것이 지금보다 나아지리라는, 잘 되리라는 보장이 없어 불안함에 현재에 머물러 있었다. 변화를 거부하는 것이 지금의 내게는 가장 편안한 상태였다.

나중에 평생 후회할지언정,
당장은 아무것도 부딪히지 않아도 되니까.
아무런 걱정거리를 만들지 않아도 되니까.
나만 가만히 있으면 아무 문제 없으니까.
나만 변화하려 하지 않으면 다들 편하니까.
이때까지 그래왔듯 지금을 유지하면 되니까.

그것이 나를 붙잡아둔 이유였다. 그것이 내가 현재에 머물러야 하는 이유였다. 그것이 내가 꿈을 찾지 말아야 하는 이유였다. 그것이 내가 주위 사람들과 상황에 순종해야 하는 이유였다. 나는 사회의 시스템에 최적화 된, 착한 딸, 착한 아들이었다.

 현재의 나는 나를 위해 살아가고 있는 걸까. 변화와 후회 중에서 나는 무엇을 더 원하는가. 나의 순종은, 나의 착함은, 나를 위함이었을까. 만약 그렇지 않다면, 변화를 원한다면, 나는 이때까지 익숙했던 나의 환경을 어떻게 설득해야 할까.

 아니, 답이 정해져 있다면 설득은 어렵지 않다. 완전한 답을 내리지 못했기 때문에 설득하지 못하는 것일지도 모른다. 아직 스스로조차 확신이 없기 때문에, 혹시나 지금 이대로가 더 나았으리라는 결과가 나올까 봐 걱정이 되기 때문에.

 어차피 정해진 답은 없다. 우리의 삶은 선택의 연속이며, 그것에는 누구나 선택하지 못한 것에 대한 미련과 아쉬움이 남는다. 지극히 당연한 감정이다. 지금 필요한 것은, 오직 나에 대한 확신이다. 그리고 내가 선택한 것에 대해 어떤 결과가 닥치더라도 책임을 지겠다는, 받아들이겠다는 태도다. 그것이 먼저다. 주위를 설득하는 것은 그 다음이다.

누군가에게는 지금의 삶을 이어가는 것이 최고의 꿈일 수도, 누군가에게는 지금의 것을 포기하는 것이 꿈이 될 수도 있다. 모든 삶에 정답은 없다. 오직 지금 내가 할 수 있는 것에 확신을 안고 나아가면 된다. 그것뿐이다.

받은 것이 많아 고마울 때
어떻게 표현해야 할까

고마움을 표현하는 방식에는 여러 가지가 있다. 큼지막한 틀로는, 글로, 말로, 물질적으로 표현하는 방식이 있을 것이다.

그런데 간혹 그 고마움이 너무 커서 마치 내가 상대방에게 신세를 지는 듯한, 혹은 정말 너무 많은 것을 받는 듯한 기분이 들 때가 있다. 상대방이 진심으로 기쁜 마음으로 괜찮다는데 그 호의를 극구 거절하는 것도 이상하고, 고맙다고만 말하자니, 그 모양새가 마치 기다렸다는 듯이 넙죽 받으려 하는 사람처럼 보이지는 않을까 신경 쓰인다. 이럴 때 상대방에게는 뭐라 진심을 전할 수 있을까.

모든 것은 관계에 따라, 상황에 따라 여러 가지 표현 방식이 있겠지만, 이러한 때에는 말로만 그치기보다는 어떤 식으로든 나도 그 마음에 보답하는 것이 좋다. 내가 할 수 있는 방식으로 혹은 직접적으로 표현하는 것이 좋다. 맛있는 식사를 대접 받았다면, 따뜻한 차를 건넬 수 있을 것이고, 파티에 초대 받았다면, 작은 선물을 준비해갈 수 있는 것처럼 말이다.

이때 중요한 것은, 당신이 내게 베풀어준 마음과 배려를 나도 감사히 여기고 있음을 전하는 것이다. 물론 금전적인 빚을 진 게 아니라는 전제하에서 말이다.

상대방이 자신이 원해서 기쁜 마음으로 호의를 베푼 것이라면, 나에게 선물을 해주려는 마음이라면, 마냥 신세진 것처럼 마음 불편해하면서 그것을 꼭 똑같은 방식으로 당장 갚으려 하지 않아도 괜찮을 것이다. 단지 내가 그 마음을 알고 있음을, 그 고마움을 당연함으로 여기고 있지 않음을 표현하는 것이 필요할 것이다.

마음은 표현할 때 전해지며, 그 진심이 전해져야 관계는 지속될 수 있다.

인간관계로 전전긍긍하는 나를 위한 조언

만약 누군가 나에 대한 이야기를 하고 있다. 썩 유쾌한 이야기가 아니다. 이때 나의 반응은 두 가지다.

하나는, 그들의 눈치를 보고 신경을 쓰느라 마음 졸이는 것. 그러면서도 잘 지내보려고 전전긍긍하는 것.
그리고 또 하나는, 그들에 개의치 않고 지금 당장의 내 할 일을 다 해내는 것.

결국 요지는 그들로 인해 반드시 해야 할 '내 일'과 '나의 미래'를 망쳐버리느냐, 아니냐라는 것이다.

만약 원한다면 내 일을 꿋꿋하게 잘 해내면서 잘 지내보려고 애쓸 수도 있다. 하지만 대개는 두 가지를 같이 하지 못한다. 대부분은 그것을 신경 쓰는 마음이 모든 생각을 지배해버리기 때문이다.

알고 있어도 상처받을 수 있다

 우리가 관계에서 착각하지 말아야 할, 조심해야 할, 때로는 상대방을 배려해야 할 것들 중 하나가 있다면, 내가 이런 사람인 줄, 내가 이럴 줄 몰랐냐는 태도. 서로 알 만큼 알고 지내지 않았냐는, 이미 중간중간 언질을 주지 않았냐는, 그래서 너도 당연히 알고 있는 줄 알았다는 말.

 몰랐기 때문이 아니라 알고 있어도 상처받을 수 있다. 예견되어 있어도, 예상하고 있어도, 막상 그것이 짐작일 때와 눈앞에서 현실로 맞닥뜨리는 것은 다르다. 직접 마주하기 전까지는 누구나 일말의 기대감을 품는다. 만에 하나라도 아닐 수도 있다는, 아니기를 바란다는, 기대를 안을 수 있다.

 그러나 현실이 되는 순간, 소수점으로 가려내기도 어려웠던 그 기대감이 백퍼센트의 절망감이 되어 내려앉을 수 있다.

 그것이 현실이라는 것이다.

그것이 감정이라는 것이다.

알고 있었다고 해서, 짐작할 수 있었다고 해서, 꼭 괜찮은 것이 아니다. 상처받지 않는 것이 아니다. 특히나 그것이 만약 이별이라면.

혼자라는 감정에 대하여

수많은 연락처는 있지만
정작 마음 터놓을 사람이 없는 듯한,

겉으로는 웃으며 잘 지내고 있는 듯하지만
속은 타들어가고 있는데,
그 마음을 아무도 몰라주는 현실이 공허한,

누군가에게 기대고 싶고,
갑자기 울적함이 밀려오는데,
막상 그 감정이 두렵게 느껴지는 듯한,

나만 빼고 모두가 행복해 보이는,
마치 세상에 홀로 남겨진 듯한,

치열하게 달려가다가
갑자기 진이 빠져 주저앉고 싶은 듯한,
그런 기분.

내가 이상해서,
내가 잘못돼서,
나에게만 밀려온,
나만 겪어야 하는,
그런 것들이 아니다.

그저 누구에게나 닥칠 수 있는 감정이다.

울컥 눈물이 날 때 울어야 하는 이유

난 씩씩해,
난 강해,
난 괜찮아,
난 익숙한 일이야,
난 견딜 수 있어,
난 무너지고 싶지 않아,
난 약한 모습 보이기 싫어,
난 그래서
울지 않아.

누군가에게 걱정을 끼치는 것이 싫어서, 누군가 내 아픔을 들여다보는 것이 불편해서, 누군가 그 눈물로 나를 평가하게 될까 봐, 나 스스로도 해결하지 못한 일의 무게를 누군가에게 떠넘기게 될까 봐, 이제껏 잘 버텨온 내가 한순간에 무너져 내릴까 봐, 나만 괜찮으면 내 주위가 모두 행복할 것 같아서.

우리는 기억해야 한다.

눈물은, 나약함의 상징이 아니다.
눈물은, 나를 무너뜨리는 것이 아니다.
눈물은, 그저 씻어 내림이다.

그 순간의 쓸쓸함, 외로움, 힘듦, 지침, 두려움, 미안함, 행복, 벅참, 감사, 기쁨, 즐거움, 고마움, 분노, 슬픔, 그리움, 아픔, 억울함, 애절함, 그리고 그것들이 뒤섞인 알 수 없는 감정까지. 이 모든 감정에 그 순간 오롯이 취하고, 자연스럽게 다시 그것을 흘려보내기 위함이다.

그러니, 눈물이 날 때는 울어도 된다. 그 눈물이 흐른 뒤 더 단단해질 테니까. 눈물이 날 때는 울어도 된다. 남몰래 눈물을 삼키는 그 모습이 사랑하는 사람들에게는 더 마음이 아플 테니까. 눈물이 날 때는 울어도 된다. 당신의 따뜻함은 결코 눈물로 사라지는 것이 아니니까.

아직 일어나지 않은 일에 대한 걱정

지금은 아니지만,
그때가 되면 그렇게 할 것 같은데.
지금은 아니지만,
다들 그렇게 되더라고.
지금은 아니지만,
너도 그럴지도 몰라.
지금은 아니지만,
분명히 그렇게 될 거야.

지금은 아무 일도 일어나지 않았다. 그런데 앞으로 일어날 일을 걱정하고 있다. 준비성이 철저해서 이미 대비책을 마련하려는 것일까, 아니면 그저 기우일 뿐인데 사서 마음고생을 하는 것일까.

어느 쪽이 정답이라고 할 수는 없다. 말 그대로 무슨 일이 일어날지 여부는 아무도 모르니까. 단, 하나 확실한 것은 있다. 내가 싫어하는 일, 반대하는 일, 걱정히는 일이 일어날 거라고 믿고 있는 쪽은, 대개 그 일이 일어날 때까지 그렇게 믿고 있다가 그때에 이르러 벼르듯이 말한다는 것.

그것 보라고. 내가 그럴 줄 알았다고.

그리고는 그와 비슷한 일이 일어나면 어떻게든 부풀려 해석하고, 더 큰일을 방지하기 위함이라며 그것을 명분 삼아 상대방을 더욱 철저히 몰아간다.

무엇이 정답이라 말할 수는 없겠지만, 그렇게 일어나지 않은 일을 걱정하고, 계속 안 좋은 상상만을 하며 전전긍긍하는 관계가 과연 건강한 관계일지는 모르겠다. 특히 연인 사이라면 더더욱 말이다.

일어나지 않은 일에 대한 걱정, 고민. 누구나 할 수 있다. 내 연인을 너무 사랑해서, 내 눈에는 내 연인이 너무 예쁘고 멋져 보여서, 혹시 다른 누군가 좋아하면 어떡하지, 혹시 바람이 나면 어떡하지, 혹은, 학교에서, 직장에서, 혹시나 사람들이 나를 싫어하면 어떡하지, 혹시 누가 내 욕을 하면 어떡하지.

 누구나 한 번쯤 걱정하고 고민할 수 있다. 그러나 대개 고민한다고 해서 크게 달라지는 상황은 없다. 오히려 그 생각들이 나를 옭아매어 더 넓은 생각을 하지 못하게 막는 경우가 대부분이다.

 무엇보다 관계의 오해는, 아직 일어나지 않은 일 때문 자체가 아니라, 그러한 마음으로 현재를 바라보고 있는 나 때문일 수도 있음을 기억해야 한다.

새벽 시간이 위험한 이유는

새벽은 묘한 매력이 있다.

새벽은 사람을 감성에 취하게 만든다.
새벽은 과거의 기억을 곱씹게 한다.

누군가에게는
잊고 있던 지난날의 회한들,
기억하고 싶지 않은 부끄러운 행동들,
더 잘해주지 못해 미안했던 마음들.

누군가에게는
퍼즐이 맞춰지는 의심의 씨앗들,
꼬리를 물고 이어지는 부정적인 생각들,
그날을 둘러싼 온갖 시나리오들.

새벽에는, 되돌리고 싶은 나의 실수가 있고, 손에 닿을 수 없는 그리움이 있고, 풀리지 않는 억울함과 뒤엉킨 의심이 있다.

그래서 새벽이 위험하다. 떠오르는 생각들이 좋은 것보다 안 좋은 것들이 더 많아서. 때로는 그 크기를 감당하기 힘들 정도의 부정적인 생각들이 나를 뒤덮어 버려서.

가십을 함부로 말하지 말아야 한다는 건

그 얘기 들었어?
그거 알아?
누구누구가 말이야,
누구누구는 말이야,
누구누구랑 말이야.

우리는 나이를 먹을수록, 사회생활을 할수록, 다양한 사람들을 만날수록, 스스로가 더 좋은 사람이기를 바랄수록 아무렇지 않게 남 이야기를 하는 습관, 타인의 이야기를 가십거리로, 그저 좋은 안줏거리로 삼는 것을 가급적 삼가야 한다.

남이라 생각했던 그 상대방과 어떤 식으로든 인연이 이어질 수도 있기 때문이다. 언젠가 상대방이 그것을 알게 되는 상황이 생길 수 있기 때문이다. 나 또한 누군가의 입에 오르내릴 일이 일어날 수 있기 때문이다.

결국 어떤 식으로든 모두 나에게 돌아오기 때문이다.

시간이 흐르면 그날들의 내 모습이 얼마나 경솔했는가를 깨닫게 되기 때문이다.

당신은 숨지 않아도 된다

 동굴로 들어가고 싶을 때, 아무도 나를 모르는 곳으로 떠나고 싶을 때, 다 내려놓고 처음으로 돌아가고 싶을 때. 누구에게나 그런 때가 있을 수 있다.

 특히,
 무언가에 크게 좌절한 날,
 믿었던 사람에게 상처받은 날,
 남들이 내 뒤에서 수군거릴 것만 같은 날,
 사람들의 시선이 두려운 날,
 머릿속이 너무 복잡한 날,
 머릿속이 아예 새하얘져 버린 날,
 이대로 무너져 내릴 것 같은 날,
 모든 것을 내려놓고 싶은 날,

 어딘가로 숨고 싶다는 생각을 한다. 나를 아무도 모르는 곳으로 떠나 버리고 싶다는 생각을 한다. 마치 모든 것이 나의 잘못인 것처럼. 나 하나만 사라지면 모든 일이 해결될 것처럼. 나만 가만히 있으면 아무 일도 없을 것처럼. 내 눈과 귀만 가리면 괜찮아질 것처럼. 혼자 끌어안으면 다른 모두가 편안할 것처럼.

아니다. 그것이 누군가에 의한 배신과 상처 때문이라면, 결코 당신의 잘못이 아니다. 아니다. 그것이 남들의 오해와 부풀려진 거짓말 때문이라면, 결코 당신의 잘못이 아니다. 아니다. 그것이 나를 시기 질투하는 사람들에 의한 조롱과 비난 때문이라면, 결코 당신의 잘못이 아니다.

절대 당신이 숨 죽여 지낼 이유는 없다. 절대 당신이 숨어버릴 이유는 없다. 당신의 잘못이 아니다. 그러니 그로 인해 결코 당신이 무너져서는 안 된다.

살아가며 반드시 요구해야 하는 것들

벅찰 만큼 사랑받을 권리.
어느 자리에서나 존중받을 권리.
마음껏 행복해야 하는 권리.
있는 그대로 예쁨받을 권리.
지칠 때 언제라도 쉬어가도 되는 권리.
울컥 눈물이 날 때 펑펑 울어도 되는 권리.

이 모든 것들은
내가 나에게 부여해야 하는 권리.

한결같음을 유지하기 위해
기억해야 하는 것들

우리는 무의식중에 타인을 대할 때, 익숙해짐에 의한 경솔한 태도를 보일 때가 있다. 내가 받는 것들이 당연한 듯한, 내가 해주는 것이 대단한 듯한, 종국에는 상대방을 귀찮아하는 듯한 태도.

이는
겸손함을 잃었기 때문이다.
나 자신만 중요해졌기 때문이다.

타인을 대할 때, 평생에 걸쳐 우리가 꼭 기억해야 하는 것이 있다. 나에게는 내가 만나는 수십 수백 명 가운데 한 사람으로 마주하게 될 상대방일지 몰라도, 그 상대방에게 나는 단 한 사람의 존재일 수 있음을. 수많은 날들 가운데 한순간 거만했던, 한순간 귀찮아했던 그 태도가 누군가에게는 나의 전부가 될 수도 있음을. 실은 나 또한 언젠가 누군가에게 그러한 감정을 느껴본 적이 있음을. 우리는 기억할 수 있어야 한다.

자꾸만 선 넘는 사람이 불편해질 때

 우리는 사적인 질문이 과하게 들어오면 불쾌해하고, 내가 말하지 않은 무언가를 상대방이 이미 알고 있으면 불편해한다. 모든 관계에서는 적절한 거리가 필요하다.

친구 사이에서도,
일로 만난 사이에서도,
모임에서 만난 사이에서도,
친척, 가족 사이에서도,
필요한 것들이 있다.

 그래서 우리는 일상에 치여 바쁘게 지내다가도, 많은 사람들과 어울리다가도, 한 번씩 혼자 있는 시간, 오롯이 나를 위한 시간이 필요한 것이다. 그리고 관계에서는 적절한 선이 필요하다. 마구 넘어오거나 아슬아슬하게 지키는 선 말고, 아무리 격 없이 지내더라도 서로 의연하게 웃어넘길 수 있는 정도의 여유 있는 선.

이 선의 의미는 존중이다. 상대방에 대한 존중이 있으면 결코 선을 넘는 무례한 행동을 취할 수 없다. 나이 때문에, 직급 때문에? 아니다. 상대방을 존중하면, 학생에게도, 신입 직원에게도, 친구끼리도, 가족끼리도, 어떤 상황에서도 선을 넘는 태도를 취할 수 없다.

 존중은 어떤 이유가 있어서가 아니다. 상대방을 한 사람의 인격체로 바라보는 순간 자연스럽게 나오는 행동이다.

누군가의 불금을 부러워하고 있을 그대에게

불금이다. 연인을 만나 데이트를 하고, 친구들과 오랜만에 만나 수다를 떨고, 동료들과 편안한 마음으로 술 한 잔 기울이는, 누군가에게는 참 설레는, 그런 날이다.

불금이다. 아니, 금요일이다. 그저 일주일 중 하루인 오늘, 어떤 약속도 없고, 특별한 기다림도, 설렘도 없는, 누군가에게는 그저 평범한 날들의 연속인, 그런 날이다.

불금이라고 해서, 꼭 데이트를 해야 하는 것도, 친구들과 동료들과 약속을 잡아야 하는 것도, 특별한 날인 양 보내야 하는, 꼭 그래야 하는 날은 아니다.

그대의 하루가, 나의 하루가, 매일이 꼭 특별하지 않아도 괜찮다. 그저 평범한 그날들이, 그 하루하루가 모여 또 다른 내일이 될 테니. 그것으로 충분하다. 그것으로 당신의 오늘은 충분히 유의미하다.

자존심을 지키기 위해 했던 행동들

애써 아무렇지 않은 척해야 했던 순간들이 있다. 내가 상처받지 않기 위해, 나의 자존심을 지키기 위해 해야 했던 괜찮은 척들.

진짜 괜찮아서가 아니라, 진짜 아무렇지 않아서가 아니라, 괜찮은 척을 해서라도 괜찮았으면 했던 마음. 울고 싶어도 웃고, 따져 묻고 싶어도 그냥 쿨한 척해야 했던 마음.

거절에 대한 두려움이다. 너에게 나를 부정당하는 것에 대한 반발심이다. 여전히 성숙하지 못한 나여서 아무렇지 않은 척을 해야만 했던.

변화의 두려움에 현실을 이어가는 나

우리는 직장 생활을 하며,
하루에도 몇 번씩 퇴사를 고민한다.

적성에 맞지 않아서,
사람들과 잘 어울리지 못해서,
일이 너무 힘들어서,
꿈을 이루기 위해서,
더 나은 일을 찾고 싶어서,
직장 내에 불편한 상황이 생겨서,
일상이 무료해서,
원하던 일이 아니어서,
복지가 별로여서,
급여가 적어서,
건강이 악화 돼서,
더 이상 이 일을 하고 싶지 않아서,
등등.

그렇지만 현실의 벽에 부딪혀 다시 출근한다.

카드 값 때문에,
현재 다니는 곳도 어렵게 입사를 했으니까,
또 취업 준비할 엄두가 안 나서,
더 나은 직장을 구하리라는 보장이 없어서,
생계 때문에,
맞닥뜨리게 될 변화가 두려워서,
가족들이 걱정해서,
주위에서 말려서,
어쩌다 보니 꾸역꾸역.

이 질문에 정답은 없다. 그리고 어떤 것이 되었든 그 선택을 누구도 손가락질할 수 없다. 마음 가는 대로 일단 도전해 보는 것도, 마음은 있지만 현실적인 문제로 인해 실행으로 옮기지 못하는 것도, 모두 내가 살아가야 할 인생이다. 타인의 삶이 아니다.

주변의 시선을 의식할지언정, 현실적인 문제를 고민할지언정, 어느 쪽이 되었든 괜찮다. 어차피 정답이 없는 문제였다면, 내가 선택한 쪽이 그렇지 않은 쪽보다 더 나은 것일 테니까. 어떤 것도 나의 선택이니까.

부디 고민의 시간이 길어지지 않기를 바란다. 고민이 길어질수록, 지금의 삶에 만족하지 못할 테니까.

이대로 흘러가는 시간이 더 지나지 않게

한 번씩 나의 삶을 돌아보는 순간들이 있다.

나 잘 살아가고 있는 걸까,
이대로 괜찮은 걸까,
나는 어떤 사람일까,
내가 예전에도 이런 모습이었던가,
앞으로도 이렇게 지내야 할까,
지금의 난 무엇을 위해 살아가는 걸까,
등등.

대개 그 감정들은 회의적이다. 너무 행복해서 현재에 만족하며 돌아보는 순간들이 아니다. 무언가 내 자신이 사라진 듯한, 말로 표현할 수 없는 막막함에 돌아보게 된다.

만약 그러한 상황이라면, 만약 그러한 날들이라면, 지금의 무기력한 시간이 더 오래 흘러가지 않도록 하기를 바란다. 그저 무엇이라도 좋으니 나를 위한 시간을 보낼 수 있기를 바란다.

부디 지금이라도,
이대로의 시간이 더 흘러가지 않도록.

모두와 두루 친한데 고독함을 느낀다면, 깊은 대화가 부족한 것이다

모두와 두루 어울리는 사람,
인사 나눌 곳이 많은 사람,
이런저런 속한 모임이 많은 사람,
많은 연락처를 보유하고 있는 사람,
주위에서 넌 친구 많아서 좋겠다는 사람,
넌 내가 없어도 잘 지내는 것 같아 보인다는 사람.

그런데 만약 그 관계 안에서 정작 나는 공허함을 느꼈다면, 홀로 있는 듯한 외로움을 느꼈다면, 막상 의지할 진짜 내 편은 없다고 느꼈다면, 이는 그저 우리가 흔히 말하는, 넓고 얕은 관계일 수 있다.

그것이 잘못됐거나, 틀렸다는 것이 아니다. 또 여럿이 두루 어울리는 모든 사람이 그렇다는 것도 아니다. 이에 대한 감정은 스스로가 가장 잘 알 것이다. 그 안에서 느끼는 허무함이 있다면, 고독함이 있다면, 마음을 나누는 깊이 있는 대화가 부족한 것일 수 있다.

나의 진짜 속마음을 털어놓을 사람.
내가 정말 믿고 의지할 수 있는 사람.
정말 힘들 때 내 편이 되어 줄 사람.

적어도 지금의 그 관계 안에는 없다고 느꼈을 가능성이 크다. 그렇게라도 스스로의 존재감을 확인하고 싶었던 것도, 알 수 없는 내면의 허전함을 타인과의 만남에서 채우려 했던 것도, 모두 나의 선택이었다.

그것을 느꼈고, 더는 그러고 싶지 않다면, 조금은 달라지기를 원한다면, 부디 이제는 조금씩 내 마음을 나눌 수 있기를, 깊이 있는 대화를 나눌 수 있기를 바란다.

어쩌면 내 편은 없다고 느꼈던 그 관계 안에서도 나의 솔직한 그 모습을 기다리는 누군가가 이미 있을 수도 있다. 내가 보지 않고 있던 것뿐일지도 모른다.

당신의 방 안이 가장 위험하다
: 은둔형 외톨이가 되어버린 이들에게

숨고 싶다,
더는 세상에 나가고 싶지 않다,
모든 것이 두렵다,
지친다,
누구와도 얽히고 싶지 않다,
혼자 있고 싶다,
아무것도 신경 쓰고 싶지 않다,
무기력하다,
아무 의욕이 없다,
어떻게 살아가야 하는지 모르겠다,
더는 사람에 치이기 싫다,
눈 감고 귀 막고 입 닫고 그렇게 살고 싶다.

그럴 수 있다. 열심히 살아가다가도, 무언가를 위해 노력하다가도, 누구라도 어느 순간 삶의 의미를 잃어버리는 순간이 올 수 있다. 무엇을 위해 살아가야 하는지, 나라는 존재 가치의 무력함을 느끼는 순간이 올 수 있다.

그 이유는 사람에 대한 큰 상처 때문일 수도, 오랫동안 켜 켜이 쌓여온 트라우마 때문일 수도, 감당하기 힘든 큰 충격 때문일 수도, 말 못 할 비밀 때문일 수도, 그저 어느 순간 찾 아온 감정 때문일 수도 있다. 게다가 스스로조차도 무엇 때 문이라 정의 내리기 어려운 타이밍도 있다.

 그럴 수 있다. 그렇기 때문에 설령 그렇다 한들, 세상과 단 절되어 살아가고 있는 이들에게, 세상에 나설 용기가 사라 져버린 이들에게, 힘든 현재를 지나고 있는 그들에게, 손가 락질하고 욕해도 되는 사람은 없다. 단, 만약 당신이 그러한 상황에 있다면, 부디 한 가지를 기억할 수 있기를 바란다.

 그러한 시기에 가장 위험한 공간은
 내 방 안일 수 있다는 것.

 방 안에 오래 머무르는 순간, 자칫 더 큰 피해의식만을 안 게 할 수 있기 때문이다. 스스로를 더욱 고립시키기 편한 상태로 만드는 공간이 되어버릴 수 있기 때문이다.

 그러니 당신은 부디, 나락으로 떨어진 지금의 감정을 그저 천천히 바라볼 수 있기를 바란다. 그리고 새벽 공기를 느끼고 화창한 햇빛을 쬐며 바람을 느낄 수 있기를 바란다. 계절의 변화를 눈으로 보고 풀과 꽃의 향기를 기억할 수 있기를 바란다.

 모든 생명은 존중받아야 한다. 그리고 당신은 살아가야 한다. 반드시 행복하게.

손해 보지 않는 삶

우리는 누구나 손해 보지 않는 삶을 살고 싶어 한다. 왠지 지는 기분, 왠지 나만 희생하는 기분, 왠지 나만 잃는 기분을 느끼고 싶지 않기 때문이다. 그렇다면 우리가 그토록 바라는 손해 보지 않는 삶은 무엇일까.

상대방이 먼저 내게 해주기만을 기다리는 것, 상대방이 먼저 내게 베풀기 전까지는 아무것도 하지 않는 것, 상대방이 내게 해준 딱 그 만큼만 똑같이 해주는 것. 그런 것일까. 아닐 것이다. 그러한 생각은 그저 우리의 삶을 각박하게, 나의 사고를 편협하게, 나를 더욱 외롭게 만드는 생각일지도 모른다.

우리에게 진정 필요한 것은 어쩌면, 내가 쥔 것을 끌어안기보다 내가 받고 싶은 것을 나누는 삶. 내가 조금 더 많이 받기 위해 눈치를 보기보다 기쁘게 내어줄 수 있는 만큼의 나눔을 선택하는 삶. 어쩌면 그것이 진짜 손해 보지 않는 삶일지도 모른다.

지난날의 나에게 꼭 들려주고 싶은 말

괜찮아, 조금 쉬어가도 돼.
그 사람들이 네 전부는 아니야.
그거 안 하길 정말 잘했어.
그 사람 만나지 않길 잘한 거야.
스스로가 얼마나 귀한 존재인지 기억해.
넌 틀리지 않았어.
그럴 수도 있지 뭐.
일어날 일이 일어났던 것뿐이야.
조금 더 많이 웃어도 돼.
행복해도 돼.
더 많이 사랑받아도 돼.
그러니까 너무 혼자 아파하지 마.

지난날의 나에게,
아니, 지금의 당신과 나에게,
더 늦지 않게 꼭 들려주고 싶은 말.

자꾸 잠들지 않는 밤이 늘어나는 당신에게

막연한 불안감에 쉬이 잠들지 못하는 밤.
그런 날들의 연속.

지금 잘 하고 있는 걸까,
괜찮은 걸까,
과연 내게도 괜찮은 날들이 올까,
이렇게 잠이나 자고 있어도 될까.

겨우 어렵사리 쪽잠을 자고, 틈틈이 졸면서, 그렇게 부족한 잠을 채우고, 다시 밤에는 잠들지 못한다. 그 마음엔 초조함이 가득하다. 불안함이 가득하다. 여유가 사라진 지 오래다.

괜찮다.
괜찮다.
토닥토닥.

지금 당신이 머무는 어딘가에, 예쁜 향초를 놓아주고 싶다. 당신만 그런 것이 아니라고. 이 순간 함께 깨어있는 누군가가 있다고. 그리고 그 자리를 지켜줄 테니, 먼저 한숨 잠들고 일어나라고.

  오늘 밤만큼은 푹 잠들기를 바라며,
  당신을 떠올리며, 포근한 향을 가득 피워둔다.

2부

**표현에 서툰 그대를 위한,
가장 빛나는 이름의 기록**

엄마가 늘 앉아 있던 그 자리에 앉아 보았다

 엄마가 늘 앉아 있던 그 자리에 앉아 보았다. 엄마의 자리에서는 TV가 보였다. 엄마가 마주한 작은 상자 속 세상은 어쩌면 엄마가 아는 세상의 전부였다.

 엄마가 만난 다른 사람들의 삶, 엄마가 바라본 예쁜 옷, 예쁜 구두, 엄마가 느낀 계절과 풍요로운 여행, 엄마가 궁금해했을 맛있는 음식.

 엄마가 마주한 세상은, 엄마가 만난 세상은, 그 작은 네모 속 세상이 전부였다. 엄마의 자리에서는, 손에 잡히지 않는 세상과 가족이 전부였다.

 나는 내 세상을 사는 것이 즐거워 미처 몰랐다.

 그때는 엄마가 늘 그 자리에 있는 줄 몰랐다.
 그때는 엄마는 늘 그 자리에 있을 줄 알았다.

내가 성공하면, 그때 베풀게, 그때 호강 시켜줄게

우리는 가끔 성공이라는 말을
하나의 공수표처럼 사용한다.

내가 성공하면,
이번 일만 성사 되면,
일이 잘 풀리면,
내가 잘되면,
그때가 되면,

너도 챙겨줄게,
잊지 않고 다 베풀 거야,
호강 시켜줄게.

이 말이 거짓이라는 것이 아니다. 그 말을 하는 그 순간의 그 마음은 분명 진심이었을 거라는 것은 안다. 때로는 그것이 최선이었을 거라는 것도 안다. 그렇게라도 누군가에게 꼭 갚고 싶은 마음, 누군가에게 꼭 베풀고 싶은 마음. 모두

맞다.

다만, 지금이 아니면 안 되는 것들이 분명 있다. 그렇기에 그것이 현재를 늘 뒷전으로 해도 되는 합리화의 이유가 되어서는 안 된다. 자칫 그 말은 현재를 외면하는 면죄부가 될 수도 있기 때문이다.

왜냐하면, '나중에'라는 말에는 기한이 없다. 그때에 이르러 해주고 싶어도 해줄 수 없는 상황이 올지도 모른다. 어쩌면 지금 이 순간, 내가 할 수 있는 만큼의 진심을 전하는 것. 지금이기에 할 수 있는 표현을 하는 것. 그것이 먼저여야 하는지도 모른다.

나는 네가 더 많이 행복하기를 바란다

보기만 해도 기분 좋아지는 모습들이 있다. 아이들의 해맑은 웃음이 그렇고, 청춘들의 빛나는 열정이 그렇고, 어르신들의 함께 걷는 뒷모습이 그렇다.

그리고 또 하나가 있다. 이제 막 사랑을 시작한 연인들. 서로에게 거리낌 없이 애정 표현을 하고, 귀엽게 질투를 하고, 투정도 부리고, 서로를 맞춰가는 모습들.

있는 그대로 표현할 수 있는 때. 모든 것들이 새로운 경험이 되어 쌓여가는 때. 많은 감정을 겪어보는 때. 가만히 있어도 미소 짓는 행복한 얼굴과 서로를 바라보는 꿀 떨어지는 눈빛. 하루가 부족할 만큼 표현하고 싶은 마음과 하트 가득한 사랑한다는 말들.

마음껏 표현하고 누릴 수 있기를 바란다.
너의 감정에 흠뻑 취할 수 있기를 바란다.

그것이 얼마나 예쁘고 귀한 감정인지를, 아무리 누리고 누려보아도 부족하지 않은 감정인지를, 이제는 안다. 그러니 너는 언제나 그저 예쁘게만, 그저 행복하게만 사랑하기를. 그 순간순간에 언제나 최선을 다할 수 있기를.

사랑하는 나의 딸, 사랑하는 나의 아들,
나는 그저 네가 더 많이 행복하기를 바란다.

그거 네 탓 아니야, 절대

가정환경이 남들보다 불우했던 것,
조금 힘들었던 학창 시절을 보낸 것,
선천적으로, 혹은 후천적으로
신체적인 불편함을 안게 된 것,
잊고 싶은 사고의 기억을 안고 있는 것,
누군가 뒤에서 내 험담을 하는 것,
그리고 이러한 이유로
사랑하는 사람이 나를 떠난 것.

딱 하나만 기억해야 한다.

이 모든 것,
그 어떤 것도 절대 당신 탓이 아니다.
그러니 절대 스스로를 탓하지 말아야 한다.

가까운 사이일수록
우리가 조심해야 하는 것들

말 안 해도 알겠지,
다 이해해줄 거야,
내 마음이 전해지겠지,
먼저 알아줄 거야,
괜찮겠지,
우리 사이에 뭐,
이 정도쯤이야,
뭐 어때.

가까운 사이일수록, 소중한 사람일수록 사소함에서 서로를 향한 배려가 필요하다. 더 많이 고마움을 표현하고, 먼저 양해를 구하고, 결코 무조건적인 이해를 바라지 말아야 한다.

어떤 사이에도 당연한 것은 없고, 오래 만나온 사이일수록 자칫 편안함이라는 이름에 가릴 수 있기에 더욱 존중하려 노력해야 한다. 언제라도 사과할 줄 알아야 한다. 때로는 더욱 조심해야 한다. 중요한 것은 이 모든 것은 우리가 '함께' 하는 행동이어야 한다는 것.

함께 고마워하고,
함께 사과하고,
함께 조심해야 한다.

편안함이라는 이름에 속아 이를 간과하지 말아야 한다.

나도 엄마가 된 게 처음이어서
너에게 실망을 한다

 모든 것을 다 해주지는 못해도, 사랑만큼은 부족함 없이 주고 싶었다. 그저 나의 아들이, 나의 딸이 몸 건강하게 자라기를, 건강한 마음을 지닌 사회구성원으로 성장해 주기를, 언제나 떳떳하고 바른 사람이기를, 나보다 더 행복한 삶을 살아가기를, 원하는 것을 이루며 즐겁게 살아가기를 바라는 마음으로.

 그런데 그 바람마저도 사치였던 걸까.
 아니면 그것과는 별개였던 걸까.
 아니면 내가 잘못 키운 걸까.
 나의 부족함 때문일까.

 질풍노도의 시기라는 이름대로인 건지,
 아직 철이 덜 들었다는 이유 때문인 건지,
 너는 치기 어린 실수를 했고,
 나는 네게 실망을 했다.

많은 자녀들이 부모의 기대에 완벽하게는 부응하지 못한다. 그리고 부모는 그렇게 자녀에 대한 생각들, 자녀에 대한 욕심들을 하나씩 내려놓으며 부모의 자리를 찾아간다.

 내 아이를 하나의 인격체로 바라보는 과정, 나의 소유물이나 나의 욕망이 아닌 한 사람의 사회구성원으로 인식하는 과정. 그 과정을 이루어간다. 나의 부모가 그러했듯, 나 또한 그렇게 부모가 되어간다.

 자녀의 잘못과 실수를 두고 실망할 수도 있다. 나는 큰 기대를 바란 것도 아닌데, 그마저도 미치지 못했다는 생각에 모든 것이 허무하게 느껴질 수도 있다. 당연하다.

 그리고, 그럼에도 그 아이는 여전히 나의 딸이고, 나의 아들이다. 그 사실은 변함이 없다.

 아이의 잘못을 인식시켜주기 위한 부모의 행위는, 그것이 잘못되었음을 바로잡아주기 위해 분명 필요할 것이다. 그리고 그러한 와중에도 중요한 것은, 나의 아들에게, 나의 딸에게, 나는 그래도 여전히 네 옆에 있다는 믿음을 주는 일일 것이다. 또한 그것은 단발성이 아니라, 지속되어야 할 것이다.

네 행동이 잘못됐음을 분명하게 이야기해주되, 더 따뜻한 밥상을 차려주고, 진심이 담긴 메시지를 남기고, 묵묵히 등굣길을 배웅해주는 것. 결코 이 상황에서 들뜨고 기뻐서가 아니라, 그저 묵묵히 엄마는 여전히 여기에, 그 자리에 있다는 믿음. 그 믿음을 전해주는 것이 함께 필요할 것이다.

나의 아이의 전 생에 걸쳐 언제나 그 자리에 있는 사람.
가장 든든한 이름. 나는 '엄마'니까.

실종 전단지를 지나치지 못하는 마음

 우연히 보게 되는 전단지, 가로수에 걸려 있는 플래카드, 그 안에 있는 어린아이들의 얼굴. 잠시 그 자리에 서서 사진 옆에 쓰인 글을 꼼꼼히 읽어 내려간다. 그리고 다시금 그 얼굴을 두 눈에 새긴다.

 그곳에 잠시 머무르는 이유는, 그 아이를 찾는 부모의 마음 때문이다. 그 전단지를 만든 부모의 모습이 나의 부모님의 얼굴과 겹치기 때문이다. 심장을 부여잡는 마음으로 찾지 않았을까. 우리 부모님이라도 분명 이렇게 했을 테니까.

 그 간절함이 전해져 지나치지 못한다. 혹시나 하는 기적이 나를 통해 일어날 수도 있으니까. 분명 그러한 바람으로 만들어진 전단지일 테니까.

나의 좌절을 마땅히 털어놓을 곳이 없을 때

 문득 그런 날이 있다. 씩씩하게 잘 견뎌오다가도, 웃으며 잘 지내오다가도, 남들 눈에는 아무렇지 않아 보이더라도, 공허함이 밀려오는 날. 그간의 힘듦이 나를 짓누르는 날. 어디에도 말 못 할 좌절감을 맛보게 된 날. 그래서 누군가에게, 어딘가에라도 그 속을 모조리 털어놓고 싶은데, 그럴 사람이 없다는 걸 깨닫게 되는 날.

 내가 무엇을 위해 살아가는가를 생각해보게 된다.
 과연 이것이 내가 원하는 삶인가를 돌아보게 된다.

 실은 어쩌면 이는, 나만 드는 생각이 아닐지도 모른다. 의외로 나와 가까운 이들, 내가 가장 잘 알고 있다고 생각하는 이들 또한 나와 똑같은 생각을 하고 있을지도 모른다.

 나의 힘듦을, 나의 좌절을 있는 그대로 넋두리하고 싶은데 마땅히 그러할 상대가 없다는 생각. 때때로 외로움에 사무치는 기분.

실은 어쩌면, 나의 어머니가, 나의 아버지가 그러했을지도 모른다.

아버지는 좋아하는 음식이 많지 않으셨다

어쩌다 한 번 일찍 일어나는 것조차
이렇게 힘이 드는데,
아버지는 평생을 일어나셨다.

일할 수 있는 것이 축복이라 하지만,
누군가에게는 분명 퇴직을 하고,
쉬어야 할 나이였을지도 모른다.

휴일에 제대로 쉴 줄을 몰라
고작해야 텅 빈 집에서 TV만 보고 계셨다.

경험이 적어
좋아하는 음식의 종류가 많지 않으셨다.

아버지의 옷은
계절별 유니폼이나 다름없었다.

새 것을 사지 않았고,
몸이 상해도 말씀을 안 하셨다.

그저 더 좋은 환경을 물려주지 못한 것을
미안해하셨다.

평생을 그렇게 지내셨다.
그렇게. 아버지의 이름으로.

그대 덕분에 내가 살아갑니다

나에게 사랑을 알려준 사람.
언제나 내가 좋아하는 음식,
내가 좋아하는 옷을 기꺼이 선물해준 사람.
누구보다 나의 미래를 함께 걱정해준 사람.
때로는 내게 불편한 말,
따끔한 말도 서슴지 않았던 사람.
누구도 기억 못 하는
나의 모든 순간을 지켜본 사람.
세상 모두가 등을 돌려도
마지막 순간까지 나를 믿어줄 단 한 사람.

사랑하는 나의 엄마, 나의 아빠.
당신들이 선물해 준 오늘을 살아갑니다.

그때는 흘려들었던 부모님의 조언

공부는 시기가 있으니 지금 해야 한다는 말.
좋은 대학, 좋은 학과에 진학해야 한다는 말.
나의 성적이 어른들의 자존심이 된다고,
나를 액세서리 취급한다고 생각했다.

친구들의 질이 안 좋아보인다는 말.
나의 우정을 무시한다고 생각했고,
어울리는 친구들을 보면 그 사람을 알 수 있다는 말.
나와 내 친구들은 다르다고 생각했다.

이왕이면 조금이라도 미래가 보장된,
안정된 진로를 선택했으면 한다는 말.
내 꿈을 인정해주지 않는다고 생각했다.

조금 더 무난한 배경의 사람과 만났으면 한다는 말.
나의 연인의 환경과 조건을 따지는 듯한 말.
어떻게 사람을 세속적으로 바라볼 수 있냐고,

내 사랑은 진정한 사랑이고 특별하다고 생각했다.

내가 사회에 나와 세상에 부딪혀 보니,
내가 부모가 되어 나의 아이를 키워보니,
그 말의 의미를 이제는 조금 알게 되었다.

어쩌면 그 말은,
나보다 세상을 먼저 겪었던 이들의 그 뻔한 말은,

너는 세상의 풍파를 마주하지 않았으면 한다는 말.
너는 나와는 달리 마음 편히 지냈으면 한다는 말.
너는 부디 힘들어하지 않았으면 한다는 말.
너는 반드시,
나보다 더 많이 행복했으면 한다는 말.

어쩌면 그 말의 다른 표현이었는지도 모른다.

엄마는 너를 미워한 적이 없음에도

아무렴 엄만데,
살가운 표현을 못 해서 그렇지 나도 부몬데,
마음이 있으니까 화를 내지,
다 잘 되라고 그러는 거니까,
남이면 이런 말도 안 해,
어차피 천륜인데,
내 자식인데 뭐,
저렇게 마음을 모르나,
쟤는 아직 철이 덜 들었어,
내가 해준 게 얼만데,
풍족하지는 않아도 부족함은 없었잖아,
나는 자랄 때 이 정도만 받았어도 소원이 없었겠다,
쟤는 애가 왜 저럴까,
또 기어오르네.

그저 미숙하다는 이유로,
나 또한 사랑을 받아본 적이 없다는 이유로,

제대로 정을 주지 못했다.

내가 살아온 경험에 비추어
그래도 되는 줄 알았다.
그저 나약하게만 보이는 네가 틀려서
내가 바로잡아주는 거라 생각했다.

모든 것은 그저
나의 무지함을 달래기 위한 핑계였다.
나의 마음을 표현하지 못한 것도,
너의 갈망을 알아채지 못한 것도,
모두 나였다.

나는 너를 미워한 적이 없다.
그러나 제대로 사랑하지도 못했다.

그것이 나의 가장 큰 잘못이었다.

누군가가 미운데 좋고 좋은데 미울 때

그로 인해 내가 존재하고,
나는 그의 삶의 일부였다.

그러나 때때로
그는 내게 감정을 쏟아냈고,
나는 그런 그를 원망했다.

끝내 참지 못하고
욱하는 마음에 쏟아낸 모진 말.

그러면서도 걱정되는 마음에
무심한 듯 챙기는 이중적인 나의 모습은,

애증이었다.

가장 사랑해서,
가장 가까워서,

떼려야 뗄 수 없는,
그저 가족이어서.

너무 좋아서 미웠고,
너무 미운데 좋았다.

아무에게도 말하지 못한
솔직한 고백이었다.

무심했던 시절의 일들은
때로 후회가 되어 밀려온다

나 그런 성격인 거 알잖아,
내가 좀 무신경해,
나 집에서도 그래,
내 평소 성격 알지?
넌 나 알잖아,
내가 뭐 한두 번 그러는 것도 아니고,
넌 이해하지?

평소 그러한 성격이라는 이유로, 너도 날 잘 알지 않느냐는 말로, 당연히 이해하리라 상대방의 동의를 미리 답하고, 나의 행동을 합리화했던 날들이 있다. 나를 사랑해주는 사람들에게 무심했던 날들이 있다.

그리고 시간이 흘러, 조금 나이가 들어 문득 삶을 돌아보게 되는 어느 때인가, 무신경했던 내 사람들에게 미안한 마음이 밀려오는 순간이 있다. 그때에는 미처 몰랐던 나의 모습, 그저 모두가 날 이해하고 내게 맞춰주리라 생각했던 이

기적인 마음. 그것이 얼마나 경솔했는가를 깨닫게 되는 순간이 있다.

어쩌면 그 시절의 나에게는 그것이 최선이었으리라 생각하면서도, 그럼에도 다시금 그 시간으로 돌아가 나를 좋아해주는 사람들에게, 내 사람들에게, 그 고마움에 더 크게 감사할 수 있다면 어떨까. 혹시나 무심했던 내 행동, 내 말로 인해 상처받은 이가 있다면, 그들에게 사과를 할 수 있다면 얼마나 좋을까.

시간이 흘러 우리가 알게 되는 것들. 어쩌면 조금 더 주위를 둘러볼 수 있었다면, 내 모습을 객관적으로 바라볼 수 있었다면 좋지 않았을까 싶은 것들.

우리는 이제라도 지금의 내 사람들에게 조금은 따뜻해야겠다. 또다시 시간이 흘러 지금을 돌아볼 때, 그러한 미안함이 적어지도록.

내가 끌어다 쓴 엄마의 젊음은

내가 입은 예쁜 옷,
내가 신은 예쁜 신발,
내가 좋아하는 장소,
내가 가장 즐기는 취미 생활,
내가 지금 하고 있는 일,
내가 만난 나의 인연들.

내가 그것을 갖기까지,
내가 그것을 찾기까지,
내가 그것을 하기까지,
그 과정에는 늘 엄마가 있었다.

보이지 않는 믿음,
보이지 않는 배려,
보이지 않는 온기,
보이지 않는 확신,
보이지 않는 염려,

보이지 않는 진심,
보이지 않는 사랑.

단지 눈에 보이지 않은 것뿐이었다.
단지 내가 보지 않은 것뿐이었다.

엄마는 늘 그 자리에 있었고,
나는 늘 그 자리를 벗어나려 했다.

그렇게 시간이 흘러
엄마는 젊음을 잃었고,
나는 더욱 나를 찾아갔다.

그렇게 내가 끌어다 쓴 엄마의 젊음은
내가 되었다.

이별을 한다 해도 괜찮다, 내가 네 곁에 있을 테니

세상에 태어나 내게 빛을 선물한 너.
너는 존재만으로 내 삶의 이유가 되었고,
언제나 나의 기쁨이고 자랑이었다.

그런 네가 삶에 부딪히며
때로는 수많은 인연에 아파하지는 않을까,
미리 걱정되는 마음은 어쩔 수가 없다.

그때마다 꼭 잊지 않기를 바란다.

세상 어떤 일이 있더라도,
나는 언제나 네 편이 되어줄 것이다.

네가 혼자의 삶을 선택해도 괜찮으니,
너의 행복을 위한 이별이라면 괜찮으니,
혹시나 남겨진다는 생각에
혼자 짐 지우지 않기를,

홀로 두려워하지 않기를 바란다.

그 이별의 크기가 세상의 눈으로 보기에
짐짓 크다 해도 괜찮다.
나에게 넌 모든 것이 괜찮다.

사랑하는 나의 아들, 사랑하는 나의 딸,
너는 결코 혼자가 아니다.

언제라도 내가 네 곁에 있을 테니.

걱정말아요 그대

세상 밖으로 나와
사람들과의 혹독한 관계 속에서
상처받지는 않을까.

지독한 이별에 아파하며
홀로 울지는 않을까.

감당하기 힘든 삶의 풍파에
좌절해 주저앉지는 않을까.

무엇이 펼쳐질지 모르는 내일을,
앞으로의 미래를
잘 준비할 수 있을까.

나의 삶 속에 끝까지 함께하지 못해
미안해하셨을 그 마음을 감히 헤아려본다.

모든 것이 걱정이었을,
모든 것이 사랑이었을,
그 마음을 헤아려본다.

괜찮아요.
저 이만큼 잘 컸어요.
저 잘 살아가고 있으니 아무 걱정 마세요.

사랑하는 나의 아버지.

사랑한다는 말을 반드시 표현해야 하는 이유

사랑한다는 말은,
그 마음을 전할 시간이 무한하지 않은 말,
직접 말하지 않으면 상대방의 마음에 닿지 않는 말,
아무리 해도 절대 닳아 없어지지 않는 말,
많이 할수록 그 의미가 더 깊어지는 말,
말하는 사람이 더 많이 행복해지는 말.

우리는 사랑하는 사람들에게, 나의 가장 소중한 사람들에게, 반드시 사랑한다는 말을 해야 한다. 내 마음을 표현할 수 있어야 한다. 그 말을 절대 아끼지 말아야 한다. 그리고 그 시간은 언제나 지금이어야 한다.

가장 후회가 되는 기억들

애써 차려놓은 밥을
먹기 싫다고 남겨버린 그날들.

나와의 대화를 위해 질문한 것뿐인데,
얘기하면 알겠냐며, 도대체 뭘 아냐고
막무가내로 짜증을 부리던 그날들.

시간이 없어서, 바빠서, 경황이 없어서라는 핑계로
먼저 제대로 연락 한 번 안 한 그날들.

필요한 것, 갖고 싶은 것, 가고 싶은 곳,
취향 하나 묻지 않고 궁금해하지 않았던 그날들.

홧김에, 순간적으로
나는 절대 당신들의 삶처럼 살지 않겠다고
주워 담고 싶은 말을 뱉어버린 그날들.

그럼에도
아무 일이 없던 것처럼
같은 자리에서 나를 기다려주신 그날들.

끝이 있는 줄 몰랐던,
영원할 것만 같아 철없이 굴었던 그날들.

그날의 나를 어떻게든 말리고 싶은 기억들.

내가 너의 이야기를 귀 기울여 듣는다는 건

누군가의 이야기를 귀 기울여 듣는다는 건,
그 사람의 생각을 존중한다는 의미다.

누군가의 이야기를 귀 기울여 듣는다는 건,
네가 조금이라도
마음이 편안해지길 바란다는 의미다.

누군가의 이야기를 귀 기울여 듣는다는 건,
우리가 함께하는 이 시간이
언제라도 좋은 방향으로 흘러갔으면 한다는 의미다.

누군가의 이야기를 귀 기울여 듣는다는 건,
나 또한
누군가 내 이야기를 들어주었으면 한다는 의미다.

미안한 마음을 표현하는 방법

상대방이 알아주기를 바라는 마음으로,
내가 그것에 나쁜 의도는 없었다는 이유로,
이 정도야 그냥 지나가도 괜찮겠지 싶은 안일한 생각에,
왠지 쑥스러워서,
뭐라고 말을 꺼내야 할지 모르겠어서,
꼭 말로 해야만 알겠냐는,
그런 이기적인 마음에,
우리는 미안함을 표현하는 것을 미루곤 한다.

그러나, 표현하지 않으면 알 수가 없다. 그 누구도 내 마음을 읽어주지 않는다. 다만 다행히도 미안한 마음을 표현하는 방식은 여러 가지가 있다.

웃음기, 장난기를 뺀 진심이 담긴 표정.
네가 어떤 감정을 느꼈을지 안다는,
내가 너였더라도 충분히 그럴 수 있었을 거라는,
상대방의 마음을 헤아리는 말.

상대방을 생각하며 골랐을 따뜻한 배려가 담긴 선물.
뻔뻔하지 않은, 미안함을 머금은 태도.

이때 중요한 것은, 내가 진심으로 상대방의 감정을 헤아리고 있는가, 내 실수와 잘못을 인지하고 있는가다. 그리고 그 진심을 표현한다면, 그 마음은 분명 상대방의 마음에 닿는다.

엄마, 난 엄마의 소유물이 아니야

 가족들 간에도 지켜야 할 것들이 있다. 가족이라는 이름으로, 나의 부모를 평생 나를 책임져야 하는 존재로, 나의 자녀를 나의 소유물로 생각해서는 안 된다. 서로 존중해야 하며, 배려할 수 있어야 한다. 그리고 각자의 삶이 존재함을 인정하고, 그것을 결코 나와 동일시해서는 안된다.

 그런데 간혹, 부모가 자녀의 삶에 지나치게 참견하고, 기대고, 의지하는 경우가 있다. 이는 대부분 부모가 자식을 소유물마냥 함부로 대하는 태도에서 드러난다. 그리고 그 부모는 대개 자신의 친구들과의 만남이나 모임을 통해 주체적인 삶을 살아가기보다는, 자녀에게 온 감정을 분출하는 경우가 많다.

 이제 성인이 된 내가 내 삶을 살아가려, 내 시간을 갖고, 내 인간관계를 유지하고, 내 생활을 보내려 하면, 늘 이어지던 부정적인 어투의 참견이 또다시 따라온다. 내 주변 사람들에 대한 비난과 막말이 지나치다 싶어 조금이라도 불편한 상황을 이해시키고 설명하려 하면, 어김없이 으름장이 떨어진다. 사과나 수용은 없이 그저 괘씸해하기만 한다.

  내가 널 어떻게 키웠는데,
  머리 좀 컸다 이거야?
  어디서 못된 것만 배워가지고,
  네가 얼마나 잘났다고 부모를 무시해?
  이게 아주 갈수록 지가 잘난 줄 알아,
  쇼를 해라, 쇼를 해,
  고작 그 따위 말이나 하고 있어?
  네가 그럼 그렇지,
  너 같은 건 역시 못되쳐먹어가지고,
  내가 자식한테 일일이 사과해야 돼?
  이때까지 먹여주고 입혀줬더니 어딜,
  내가 자식한테 그런 소리도 못 해?
  어휴, 저 못된 것, 배은망덕한 것,
  사람들이 너 못된 거 아냐?

나는 엄마의 감정의 쓰레기통이 되어버렸다.

나는 나의 엄마를, 나의 아빠를 말로 설득할 수 있을까? 내가 잘 말씀드리면 부모님이 변할까? 조금만 나를 존중하고, 내 삶을 배려해달라고 어떻게 말씀드려야 할까?

감히 말하건대, 나의 한 마디 말로 당장의 태도나 상황이 변화하기는 힘들 것이다. 또한 앞으로도 장담할 수는 없을지도 모른다.

그래도 우리 엄만데, 우리 아빤데,
이럴 때만 빼면 정말 좋은 분들인데,
부모님은 나를 사랑하는데,

그러다 보니 주위에 말할 수는 없고,
그렇다고 이대로 평생을 지낼 수는 없고,
어떻게 해야 할까.

기억해야 할 것은, 나는 내 삶을 살아가야 한다는 것이다. 관계에 얽매이지 말고, 부모의 태도나 감정에 절대 치이지 말고, 불편하더라도 눈길을 향하지 말고, 예전과는 분명 다른 태도로 지내야 할 것이다. 어쩌면 당분간은 지나친 관심은 끊어내야 할지도 모른다.

이는 모질게 구는 것이 아니다. 나의 부모가 자신의 삶을 살 수 있도록, 앞으로의 여생을 나에게만 매달리지 않도록, 모두가 함께 더 나은 삶이 될 수 있도록, 나 또한 나의 자녀에게 그 패턴이 이어지게 하지 않도록, 하기 위함일 것이다.

나와 연결된 모든 관계는 상대방을 바꾸려, 상대방이 변화하길 바랄 것이 아니라, 내가 먼저 변해야 한다. 당장의 불편함과 미안함이 장기적으로는 서로를 위함이 될 수 있음을 기억해야 한다.

절대 무기로 사용해서는 안 되는 말

내가 해준 게 얼만데,
여기 아니면 네가 어디 가서 대우나 받을 것 같아?
나니까 이 정도 해준 거야,
내가 만나주니까 네가 뭐라도 된 줄 알지,
내가 이때까지 준 거 다 내놔,
내 돈 주고 샀으니까, 너 먹지 마,
입지 마,
쓰지 마,
나가.

내가 지금 상대방에게 해주는 것,
베푸는 것,
그렇게 하기로 약속했던 것,
원해서 시작했던 것,
괜찮다고 말했던 것,
꼭 해야 하는 것.

이 모든 것들은 결코 후에 유세가 되어 상대방을 향한 으름장이 되어서는 안 된다. 서로를 위해 기쁘게 행한 행동이 감정에 따라 무기가 되어서는 안 된다. 친구 사이에서도, 연인 사이에서도, 직장에서도, 가족 간에도 모두.

미움받지 않기 위해 했던 일

남들보다 많이 웃었고,
남들보다 많이 쿨 한 척했다.

때로는 어리숙한 척하고,
때로는 세상일을 잘 모르는 척도 했다.

아무렇지 않은 척,
의연한 척,
마냥 괜찮은 척.

조금 바보 취급당해도 좋으니
착한 사람이라는 말로라도 위로받고 싶었다.

그렇게라도 잘해보고 싶었다.
그렇게라도 이해받고 싶었다.

조금 부족하고
어설픈 내 모습을 보여서라도
미움받지 않기 위해서.

아니,
실은 사랑받기 위해서
나는 내 최선을 다했다.

너는 다 괜찮아

 주위를 돌아보면 아주 드물게 매우 고마운 사람이 있다. 받은 것이 많아 무엇을 해줘도 아깝지 않을 사람, 정말 말로 표현할 수 없을 만큼 고마운 사람, 어떤 일이 있더라도 나는 네게 마지막 남는 사람이 되어주겠다는 생각이 드는 사람.

 이는 대부분 가장 힘든 시기 내게 도움을 준 사람, 남들에게 털어놓지 못할 때, 남들이 외면할 때 진심을 다해 힘이 되어준 사람, 그리고 그 위로를 말뿐이 아닌 실질적으로, 물심양면으로 표현해준 사람이다.

 고마움이 너무 커서 언젠가 과연 갚을 수 있을까 싶은, 그래서 세상이 모두 등을 돌려도 나는 그 사람의 편이 되어줄 거라는 생각이 드는.

 혹시나 그 생각이 경솔한 것은 아닐까, 과한 것은 아닐까, 괜히 그랬다가 이용당하는 것은 아닐까, 걱정할 필요는 없다. 왜냐하면, 그 정도의 고마움을 안겨준 사람이라면, 어차피 내게 그렇게 하지 않을 사람이기 때문이다. 그런 존재가 한 명이라도 있다는 자체가 축복일 것이기 때문이다.

네가 있어 살아간다는 말,
너라는 이름의 가치

아무리 힘들어도 살아내야만 했던 이유.
조금 지쳐도 오늘을 견뎌내고 내일을 기대한 이유.
여리고 겁도 많고 부족했던 내가
강해질 수밖에 없는 이유.
이리저리 치이고 무거운 하루에도
참 많이 감사하고 행복했던 이유.

모두 네가 존재해서였다.
너는 내 삶의 모든 무게를 잊게 하는 이유였다.

세상 모든 것을 내주어도 아깝지 않을,
그 어떤 짐도 너만은 지우지 않았으면 하는,
그저 행복하기만을 바라는,
너는 그런 존재다.

세상 어디에서도 고귀하게만 여겨지기를 바라는,
존재만으로 빛이 나는,

너는 그런 존재다.

그러니 너는 반드시,
세상을 겪되 행복해야 한다.
깊게 사랑하되 오래 아프지 않아야 한다.
많이 울되 훌훌 털어낼 수 있어야 한다.

그저 진심으로
오늘을 웃을 수 있어야 한다.

나는 너에게 그것만을 바란다.

마음은 있는데 표현이 서툴다는 것은

 감정을 표현하는 것이 어려울 때가 있다. 분명 감정은 느끼지만 그것을 상대방에게 전달하기가 어려울 때가 있다.

 나는 처음부터 그런 사람이었을까. 나는 본디 감정에 무딘 사람이었을까. 늘 머쓱한 미소를 짓는 나는 정말 덤덤하기만 한 걸까.

 곰곰이 생각해보니, 나도 마냥 감정이 드러나던 때가 있었다. 그렇지 않게 된 건 아마도, 어른이 되어감을 느끼면서부터였다. 하나둘씩 나이가 들어감에 따라, 어쩌면 할 수 있는 것보다 하지 못하는 것들이 많을지도 모른다는 것을 알아감에 따라, 그렇게 삶의 무게를 느낄 때마다, 감정을 드러내는 것을 자제해왔다.

 누군가 내게 실망을 할까 봐. 혹시 나로 인해 괜한 트러블이 일어날까 봐. 아니, 어쩌면 내가 스스로 무너질까 봐. 그렇게, 나만 가만히 있으면 괜찮으니까. 나만 조금 참으면 다들 잘 지낼 테니까. 때로 나 하나만 상처받는 것으로 끝냈으면 하는 그런 마음에.

그것이 쌓여 어느새 행복도, 사랑도, 기쁨도, 제대로 표현하지 못하고 있다. 어른이 되어간다는 건, 어쩌면 마음을 마음껏 표현하지 못한다는 것일지도 모른다.

너무 들떠서도 안 됐다.
너무 슬퍼서도 안 됐다.

이제와 돌아보면, 어린 시절 내가 바라본 어른들의, 기쁨에도, 슬픔에도, 행복에도, 힘듦에도, 늘 한결같이 머쓱했던 표정들은, 어쩌면 그 삶의 무게였는지도 모르겠다.

나는 오늘 하고 싶은 말을 다 하기로 결심했다

싫어,
거절할게,
더는 내키지 않아,
내 마음 가는 대로 할래,
두 번 다시 연락하지 마,
더는 마주칠 일 없었으면 좋겠다,
그만둘게요,
나 때려친다,
가식 떨지 마,
내 앞에서 그런 소리 하지 마세요,
신경 꺼주세요,
관심 없어요,
못 해요,
안 해.

이 말들을 내뱉으려 곱씹어보니,
내가 평소 정말 하고 싶었던 말은,

내가 그동안 하지 못했던 말은,
이런 말뿐만이 아니었다.

고마워,
네가 있어 행복해,
너를 만난 건 정말 행운이야,
너라는 사람이 내 옆에 있다는 게 믿기지 않아,
내 가장 소중한 사람,
내 모든 것을 내주어도 아깝지 않을 사람,
너여서 다 괜찮은 사람.
넌 내게 그런 사람이야.

엄마가 나의 엄마여서 고마워,
아빠가 나의 아빠여서 행복해,
더 많이 표현하지 못해서 미안해,
다시 태어나도 꼭 다시 만나고 싶어,
몇 번을 말해도 부족할 만큼 정말 많이 사랑해.

존재만으로 빛나는

그 고마움이 너무 익숙해서 잊고 있던 말.
그 존재가 너무 가까이에 있어 하지 못했던 말.

나는 오늘
하고 싶은 말을 다 하기로 결심했다.

부모님의 빈자리를 느끼는 순간들

엄마가 자주 해주시던 음식을
어느 날 음식점에서 마주했을 때였다.

아빠와 손잡고 쇼핑하는
어느 부녀의 뒷모습을 보았을 때,
아빠와 목욕탕에서 서로의 등을 밀어주는
어느 부자의 모습을 보았을 때였다.

비 오는 날,
우산을 들고 마중 나와주던
엄마의 모습이 떠오르는 때였다.

내게 필요한 물건을 한가득 사오시던
아빠가 그리워지는 때였다.

가족 여행을 했던 곳,
추억이 담긴 그날들과 비슷한 풍경을

누리고 있을 때였다.

우연히 열어본 사진첩,
주고받았던 메시지,
그 안에서 함께했던 날들을 기억하는 때였다.

식사를 거르던 날,
누군가 내 끼니를 걱정해주는 사람이
아무도 없다는 것을 느낀 때였다.

나의 잘됨을, 나의 기쁜 소식을,
나보다 더 기뻐하고 축하해주셨을 당신들께
직접 전하고 싶은 때였다.

나의 아이를 바라보다가
그 시절의 나를 바라보았을
엄마의, 아빠의 마음이 그려질 때였다.

감사하다는, 사랑한다는 그 흔한 말들이
못 다한 말이 되어 입가에 맴돌 때였다.

아무리 나이를 먹어도 여전히 그리운 자리.
결코 누구의 사랑으로도 채워지지 않을 자리.

누군가에게는 평범하지만 나에게는 특별한,
그 빈자리를 느끼는 순간들은,
문득, 예고 없이 찾아오는
일상의 모든 순간들이었다.

성장한 자녀의 뒷모습을 바라보는 마음

참 작았던 너였는데,
어느덧 네가 가정을 꾸리고
삶의 무게를 느끼는 나이가 되었다니,
그 사이 내가 이런 나이가 되었다니,
세월이 무척이나 빠르다.

살아가며 겪는 너의 고민이, 너의 고생이,
모두 나의 탓인 것만 같아서,
많은 것들을 물려주지 못해서 늘 많이 미안하다.

내 눈에는 여전히 물가에 내놓은 아이 같은데,
그런 네가 나를 걱정하는 모습이
참 기특하고 대견하기만 하다.

부족함 많은 나에게서,
제대로 뒷받침 해준 것 없는 환경에서,
그럼에도 이렇게나 번듯하게 잘 자라주어

고맙고 또 고맙다.

이제 얼마나 너와 함께할 수 있을까.
이제껏 지내온 시간보다 적을 앞으로의 날들에
너와의 모든 순간이 귀하다.

안부 인사라도 더,
밥 한 끼라도 더,
너와 함께하는 시간을 보내고 싶다.

그리고 그날들이 추억이 되어
혹여나 미안함 없이 행복하게,
내가 없는 시간을 네가 잘 보낼 수 있으면 좋겠다.

존재만으로 축복인 너였기에
너는 내게 모든 것을 갚았다.

너의 미소 하나면 온 행복이 내 것이 되었기에
너는 내게 넘치도록 주었다.

가까운 사람에게
유난히 더 짜증을 부리는 이유

회사에서는,
직장 상사에게는,
동료들에게는,
거래처 사람에게는,
모임에서 만난 사람들에게는,
그렇게 사회생활을 할 때에는,

좋은 사람으로,
매너 있는 사람으로,
예의 바른 사람으로,
밝은 사람으로,
친절한 사람으로,
이해심 많은 사람으로 보이던 사람도, 매우 가까운 사람들에게만 나도 모르게 비집고 나오는 짜증이 있다.

특히
세상 가장 편한 사람 엄마,

어딘지 자꾸만 대화가 답답한 아빠,
나의 가장 감정의 밑바닥을 아는 내 연인,
철없던 시절의 모습을 공유하고 있는 친한 친구.

그들에게는 편안함이 있다. 아니, 무의식중에 내가 그들을 여기는 무례함이 있다.

이는,
언제나 내 편이 되어줄 것이라는,
나를 완전히 이해해줄 것이라는,
그래서 왠지 그들에게는
조심하지 않아도 될 것 같은,
막연한 믿음이 있기 때문이다.

잘못된 생각, 잘못된 표현 방식이다. 그들은 나의 분풀이의 대상이 아니다. 가까운 사람들을 향한 그 믿음의 자리에는 언제나 고마움이 자리해야지, 결코 짜증이 들어와서는 안 된다. 한 번쯤 나의 모습을 돌아봐야 한다.

 어쩌면 가장 가까운 사람들에게 내비치는 그 모습이 나의 진짜 모습일지도 모른다. 어쩌면 가까운 사이라는 명분은 그저 나의 행동에 대한 합리화일지도 모른다.

부모님의 시간은
나의 철듦을 기다려주지 않는다

나이가 지긋한 어르신들께 이번 생 가운데 시간을 돌리고 싶은 때가 언제인지를 여쭤면 비슷하게 답하시는 것이 하나 있다.

우리 어머니 살아계실 때로,
우리 아버지 살아계실 때로,
우리 부모님 살아계실 때로,
돌아가보고 싶어.

제일 그립지,
우리 부모님.

그때는 몰랐어.
살아계신 모습 딱 한 번만 더 보고 싶어.

그냥 보고 싶어.
그냥 그것뿐이야.

그때가 되어 비로소 알게 되는 존재 자체의 감사. 함께하는 시간의 기적. 어쩌면 그 기적의 시간은 그리 여유롭지 않을지도 모른다.

부모님의 시간은 나의 철듦을 기다려주지 않는다.

나는 네가 어른이어서 걱정이야

네가 어른이 되어서 걱정이 되는 이유는,

애써 강한 척할까 봐,
어른이라는 이름으로 의젓한 척할까 봐,
마냥 괜찮은 척할까 봐. 그래서.

혹시나 어른이라는 무게 때문에 마음을 마냥 억누르지 않기를 바란다. 혼자 다 품으려 끌어안고 끙끙 앓지 않기를 바란다. 네가 어른이 되어서도, 어른의 이름을 짊어지지 않기를 바란다.

너는 내게 그런 존재다. 언제나 그저 해맑기만 했으면 하는. 언제나 그저 행복하기만 했으면 하는.

친구의 이름을 소리 내어 불러본다는 건

가장 친한 친구,
가장 아끼는 친구,
가장 기억에 남는 친구,
가장 소중했던 친구,
가장 고마웠던 친구,
가장 보고 싶은 친구.

꽤나 긴 세월이 흘러 이제는 그 어떤 수식어로도 부족할 그 이름을 불러본다. 마음속으로. 아니, 소리 내어 입 밖으로.

미나야.

얼마 만에 불러보는 이름일까. 지금 이 곳에는 비가 온다. 네가 있는 곳은 어떨까. 부디 맑은 날만 가득하면 좋겠다. 부디 화창하기만 하면 좋겠다. 그 시절, 우리가 기억하는 그날들처럼.

나이가 들어 친구의 이름을 소리 내어 불러본다는 건, 왠지 모를 목메임을 감수해야 하는 건가 보다.

네가 언제 혼자였다고 그래

어쩌면 내가 돌아보지 못했던 건지도 모른다. 어쩌면 내가 다른 곳만 바라보고 있던 건지도 모른다.

그 소중함을 몰라서, 옆에 있는 것이 당연해서, 나를 이해하는 존재는 가까이에 있는 사람이 아니라 무언가 특별함이 있는, 그래서 내가 매달려야 하는 존재일 거라 생각해서.

나는 언제나 네 곁에 있었다.
가족이라는 이름으로. 부모, 형제라는 이름으로.

꼭 기억하길 바란다.
당신은 단 한 번도 혼자였던 적이 없다.

우리의 삶에 리셋 버튼이 있다면

 만약 우리의 삶에 리셋 버튼이 있다면, 누군가는, 밤마다 이불킥 했던 창피했던 기억을 지우려 할 것이고, 누군가는, 문득 떠오를 때마다 죄책감이 밀려왔던 일을 되돌리고 싶을 것이다.

 그리고 누군가는, 소중한 사람을 잃기 전으로 돌아가고 싶을 것이다. 그것은 어쩌면 생의 이별을 통해 알게 된 존재의 소중함 때문일 수도 있고, 고마웠던 이와의 인연의 끈이 끊어짐에 대한 아쉬움 때문일 수도 있다.

 어느 쪽이든 그 후의 행동은 같을 것이다. 리셋 버튼을 통해 시간을 되돌릴 수 있다면, 그 소중한 사람과의 한정된 시간을 위해, 그리고 그 인연의 지속을 위해 어떤 노력을 해야 할지를 고민할 것이라는 사실이 말이다.

얼룩져버린 학창 시절을 보낸
내가 바보 같을 때

 남들에게는 추억이 가득한, 그래서 다시금 추억하고 싶은, 돌아가고 싶은 날들이라는 그 학창 시절이, 나에게는 잊고 싶은 기억으로 남아 버렸다. 원망으로 가득한 날들, 치욕스러운 기억, 누구도 신뢰할 수 없는, 아무에게도 의지할 수 없던 순간들. 시간을 돌릴 수만 있다면, 그때로 다시 돌아간다면, 지금의 나라면, 그런 일은 없었을 텐데.

 억울하지나 않게 뭐라도 해볼 걸,
 조금이라도 싸워볼 걸,
 그때 이렇게 행동했어야 하는 건데,
 어떻게든 한 번은 제대로 복수할 걸,
 잃을 게 뭐 있다고,
 바보같이,
 뭐가 두려워서,
 역시 나 같은 건,
 나 따위.

어느 순간 그 원망의 화살은, 그저 속절없이 당해야만 했던 나에게로, 분하고 억울한, 그 억눌린 마음은, 이유도 없이 피해자가 되어야 했던 나에게로 향해 있었다. 내가 나를 향해 화를 내고 울부짖고 있었다.

정말 내 잘못일까. 그때의 내가 바보 같았던 탓일까. 그렇다면 반대로, 나는 나와 같은 일을 당해 나를 찾아온 이에게 네가 바보 같아서 그런 거라고 말할까. 아닐 것이다. 결코 네 잘못이 아니라고 말해줄 것이다.

분명 나 또한, 그 시간의 내가 할 수 있는 방식으로 최선을 다해 그 마음의 무게를 안고 악착같이 견뎌왔다. 무척이나 대견하게도, 그렇게 지금껏 잘 살아내주었다.

부모님이 알게 될까 봐, 혹시나 가족들이 속상해할까 봐 전전긍긍했던 마음. 매번 별 다른 조치가 없어 또다시 도움을 요청하지 못했던 두렵고 쓸쓸했던 마음. 평생을 이런 모습으로 살아가야 하는 건 아닐까, 앞으로의 미래가 보이지 않아 초라하고 막막했던 마음. 감히 상상조차 할 수 없는 그 모든 마음의 무게를 안고, 기특하게도, 대견하게도, 그리고 참 많이 감사하게도, 잘 견뎌내주었다.

그러니 당신은, 앞으로는 그저 더 많이 행복해야 한다. 반드시 그래야만 한다. 존재만으로 축복인, 잘 살아와준 당신은, 그러기에 충분한 존재다. 당신의 삶이 존재 자체로 증거가 되어 지금처럼 더 잘 살아내주길 바란다.

그 시절의 기억들, 되돌리고 싶은 순간들 모두, 결코 당신의 잘못이 아니다. 당신은 아무런 잘못이 없다.

나의 부모님이 꼭 누렸으면 하는 것들

그림 그리기를 좋아하던,
노래 부르기를 좋아하던,
작가를 꿈꾸던,
웨딩드레스를 입어보고 싶던,
가족 여행을 꿈꾸던,

그렇지만 포기해야 했던,
먹고사는 것이 급급해 잊고 지내야 했던,
나의 부모님의 젊은 날의 꿈, 청춘의 로망.

처음 가보는 나라, 그곳의 아름다운 자연,
새로운 풍경, 생소한 문화,
TV가 아닌, 직접 눈으로 보고 느끼는 세상.
내 돈 내고는 사드시지 못했던 음식,
여행을 가도 차마 예약하지 못했던 호텔,
한 번쯤 꼭 누렸으면 했던 다양한 서비스.

그리고,
그것을 누리며 담은 사진 속 엄마 아빠의 모습이
하루라도 젊었으면 하는 마음.

이 모든 것을 두 번 누릴 수 있을까.
그러지 못할지도 모른다는 마음.

엄마 아빠가 꼭 이번 생에,
내가 자식일 때 누릴 수 있기를 바라는 마음.

내 청춘을 나눠주고 싶은 사람, 엄마

엄마에게 내 청춘을 나눠주고
우리 같은 나이로 살아보고 싶다.

모든 면에서
엄마가 나이 먹었다고,
엄마가 엄마라고 느끼지 못할 만큼,
그렇게 나와 똑같은 시기의 모습으로.
또래의 모습으로.

그렇게 나랑 같이 학교 다니고,
같이 쇼핑 하고,
같이 맛집 다니고,
같이 여행도 하고,
같이 공부하고.
그럴 수 있다면 좋겠다.

내 나이의 엄마가 너무 궁금하다.

아니 실은,
내 나이의 엄마에게 너무 미안하다.

나를 키우느라
그때의 엄마가 통째로 사라져버린 것 같아서,
내가 엄마의 젊음을 삭제해버린 것 같아서,
그래서 너무 미안하다.

내 모든 청춘을 나눠주고서라도
엄마와 친구 하고 싶다.

그때의 엄마가 내게 그렇게 해줬듯이.

너에게는 오직 예쁜 말만 주고 싶다

나를 향해 처음 지어주던 미소와
언젠가 네가 전해준 작은 손 편지.
그 순간이 감사해 모든 것을 내 눈에,
내 마음에, 내 보물로 담았다.

너는 때로는 화도 내고,
우리는 때로는 힘든 날들도 있었지만,
우리가 함께라는 사실에
나는 언제나 우리의 내일을 기대했다.

너라는 존재만으로
내겐 삶의 이유와 위로가 되었다.

너는 내게 그런 사람이다.
세상 하나뿐인 사람.
세상 가장 빛나는 사람.

그러니 너는, 반드시 행복해야 한다.
더 많이 사랑받고, 더 많이 웃어야 한다.

사랑하는 나의 딸, 나의 아들.
너에게는 오직 세상의 모든 예쁜 말만
전해주고 싶다.

단 한 번의 만남이 다시 허락된다면

이제는 세상에 없는 존재. 부를 수 없는 이름.

어쩌면 그래서 더 꼭 한번 만나고 싶은 얼굴.
세상에서 가장 그리운 사람.

나의 어머니.
나의 아버지.

이제와 단 하나의 바람이 있다면, 만약 단 한 번의 만남의 시간이 주어진다면, 그때에 내가 하고 싶은 것들은 생각보다 대단한 일들이 아니었다.

당신과 함께 맛있는 식사를 하며 눈을 마주하고,
당신과 함께 따뜻한 미소로 대화를 나누고,
당신과 함께 손을 잡고 산책하는 것.

돌아보니 모두 그때에 할 수 있는 것들이었다.

단 한 번의 만남이 허락된다면, 이제는 세상에 없는 당신께 놓쳐버린 우리의 일상을 선물하고 싶다.

부모님 살아계실 때 꼭 해야 하는 것들

1. 생신 챙기기

매 순간이 특별할 수는 없을지언정, 부모님의 생신은 전날 저녁, 혹은 당일 아침, 하루가 가기 전에 꼭 챙겨드리기.

2. 잊지 말고 답장하기

바쁘다는 핑계로 먼저 연락드리지 못할지언정, 부모님께 온 연락, 부재중 전화, 문자 메시지에는 반드시 잊지 말고, 늦지 않게 답장하기.

3. 내가 맛있게 먹은 음식 사드리기

시간 내서 자주 함께 식사하지 못할지언정, 내가 맛있게 먹은 음식이 있으면 반드시 부모님도 맛보실 수 있도록 하기.

4. 대화의 끝에는 인사하기

평소 살가운 말, 마음 표현을 자주 하지 못할지언정, 대화가 끝날 때에는, 자리가 파할 때에는 오늘도 즐거웠다고, 참 좋았다고, 감사하다고, 꼭 말씀드리기.

5. 영상 촬영하기

함께 셀카를 찍지는 못할지언정, 부모님이 식사하는 모습, 요리하는 모습, 걸어가는 모습, 장보는 모습, TV를 보고 있는 모습, 웃고 있는 모습, 영상으로 꼭 담아두기.

이 모든 것들은,
실은 부모님이 떠나신 후 남겨질 나를 위한 행동들이다.

이 모든 것들은,
실은 나의 연인에게는 내가 먼저 했던 행동들이다.

우리 다음 생에도 꼭 인연이 되자
: 반려동물을 떠나보내는 마음

우리는 생의 주기가 달라서
처음부터 조금 이른 끝이 예정된 인연이었다.

알고도 시작했고,
알고 있기에 모든 순간이 소중했다.

그럼에도 때로는 바보 같게도
너에게는 내가 세상의 전부라는 사실을
일상에 치여 잊고 지내기도 했다.

네가 떠난 후에야
네가 바라본 세상을 떠올리며
더 많이 함께하지 못한 모든 시간들이
후회와 아쉬움으로 밀려왔다.

나는 홀로 이번 생에 남겨졌다는 생각에,
그 따뜻한 온기와 부드러운 감촉을

더 이상 느낄 수 없다는 생각에,
이제 다시는 만날 수 없다는 생각에.

너는 잘 지내고 있는지,
꽤 오랜 시간이 지난 탓에
혹시 이미 어딘가에 있는 것은 아닌지,
우리가 같은 생을 또 살아가고 있는지.

문득 부질없는 궁금함이 몰려온다.

사랑하는 나의… 너에게.
보고 싶다. 딱 한 번만 더.

너는 내게 최고의 형제였고,
너는 언제나 내게 최고의 친구였다.

우리가 잊고 살아가던 것들

엄마가 해준 맛있는 반찬 하나에,
아빠가 사준 과자 하나에 '한없이 행복해하던' 나.

친구들과 노는 것이 '마냥 즐거워'
신나서 뛰어다니고 소리 지르며 놀던 나.

커서 어떤 사람이 되고 싶냐는 질문에
이것저것 많이도 바꿔가며 '당당하게' 대답하던 나.

좋아하는 친구에게 서툴지만
'어떻게든' 마음을 전하려 노력했던 나.

조금만 재미있는 일이 있어도
세상을 다 가진 듯 '해맑게' 웃던 나.

우리가 살아가며 잊고 지내는 것들.

아니,
우리가 살아가며 꼭 기억해야 하는 것들.

내가 아는 나의 진짜 모습들.

표현해야 한다,
오늘이 우리의 마지막인 것처럼

정말 고마워,
그날 나 참 많이 행복했어,
얼마나 기뻤는지 몰라,
오늘은 정말 최고의 날이야,
네가 있어 너무 든든해,
꼭 축하해주고 싶었어,
너라서 좋아,
우리 평생 함께하자,
이 마음 변치 않았으면 좋겠어,
사랑해요,
엄마가 우리 엄마라서 감사해,
아빠는 최고의 아빠야,
우리 더 많이 웃자.

만약 이 마음을 표현할 수 있는 날이
오늘이 마지막이라면 어떠한 선택을 할까.

시간이 흘러 알게 된 지난날의 진심들.
존재 자체의 소중함.
무엇으로도 대체할 수 없는 고마움.

우리는 그 어떤 선택에도
아쉬움이 없어야 한다.

그래서 반드시 표현해야 한다.
그 기회를 잃지 않기 위해서.
오늘이 우리의 마지막인 것처럼.

곁에 있음을 당연히 여겼던
나의 가족, 친구, 연인,
나의 모든 소중한 인연들에게.